Mes tout premiers pas en informatique

FIRST
Interactive

SERVANE HEUDIARD

Mes tout premiers pas en informatique, édition pour Windows 8

© Éditions First, un département d'Édi8, Paris, 2013
12, avenue d'Italie
75013 Paris – France
Tél : 01 44 16 09 00
Fax : 01 44 16 09 01
Courriel : firstinfo@efirst.com
Internet : www.editionsfirst.com

ISBN : 978-2-7540-5210-8
Dépôt légal : 3e trimestre 2013
Imprimé en France

Mise en page : Catherine Kédémos
Avec la collaboration de : Servane Heudiard

Table des matières

Chapitre 3 — Clic clic ? Entrez… au cœur des applications !

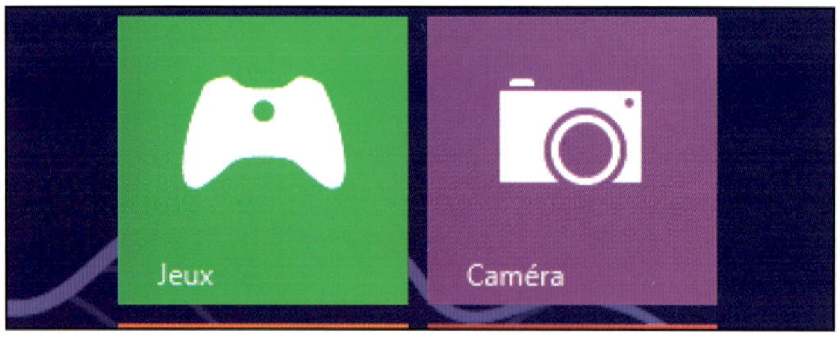

Chapitre 4 — Ne restez pas sur la touche : enfoncez la bonne !

Chapitre 5 — Pas un jour sans l'Internet

Chapitre 6 — Communiquez en toute liberté grâce aux courriels

Chapitre 7 | Gérez vos documents et vos photos de main de maître

Chapitre 8 | Touchez du doigt le monde multimédia

Chapitre 9 Mettez votre ordinateur et vos fichiers sous haute sécurité

Chapitre 10 Créez-vous un ordinateur sur mesure

Présentation

Après avoir longuement hésité, vous venez enfin de vous offrir votre premier ordinateur. Mais vos doutes persistent : « allez-vous y arriver ? ». Bien sûr que oui ! Surtout que vous détenez le livre idéal pour cela ! En effet, avec ses mots simples, ses procédures étape par étape et ses nombreuses illustrations, *Mes tout premiers pas en informatique (édition pour Windows 8)* vous permettra de prendre votre nouvelle machine en main doucement mais sûrement, et de dompter le super programme qui la dirige : Windows 8.

Prenez un bon départ

Il ne vous viendrait sûrement pas à l'idée de vous lancer dans l'assemblage d'un meuble en kit sans avoir au préalable réuni tous les outils nécessaires ni consulté attentivement la notice de montage. Sage décision que vous devez appliquer également avec votre nouvel ordinateur ! C'est pourquoi le *chapitre 1* fera les présentations de votre machine en bonne et due forme ; et en toute logique, au *chapitre 2*, vous la démarrerez et ferez alors la connaissance de Windows 8.

Mais comme vous ne pourrez rien en obtenir (ou presque !) sans souris ni clavier, vous apprendrez à utiliser ces deux précieux outils aux *chapitres 3 et 4*. Et parallèlement, vous vous familiariserez avec les applications et les programmes, et créerez même votre premier document !

Envolez-vous vers l'Internet

Puisqu'un ordinateur sans l'Internet est presque aussi insipide qu'un pain sans sel, nous plongerons dès le *chapitre 5* dans cet univers d'une richesse incroyable, où vous pourrez aussi bien vous documenter que faire des emplettes, accomplir des démarches administratives ou regarder des vidéos (entre autres !). Et juste après, le *chapitre 6* vous emmènera évidemment dans un monde tout proche : celui de la messagerie électronique.

Mettez-vous au multimédia

Dans la droite lignée de l'Internet, car essentiellement fondé sur des ressources stockées sur le Web, le *chapitre 8* vous immergera à la fois dans le monde du multimédia et dans celui du tactile. En effet, c'est en touchant et balayant l'écran que vous apprendrez à regarder vos photos numériques, écouter toutes sortes de musiques et visionner des films.

Soyez un bon gestionnaire

Aussi divertissant que puisse être votre ordinateur, vous ne pourrez pas vous cantonner à cet aspect de la machine : pour qu'elle remplisse correctement son rôle, vous devez notamment veiller à garder son contenu en ordre, la protéger contre les menaces extérieures (comme les virus), et l'adapter, voire l'enrichir, en fonction de vos besoins. Trois grands axes d'actions traités respectivement aux *chapitres 7, 9 et 10*.

Et pour finir en beauté, ce livre se terminera par un *mémo visuel* et un *glossaire* auxquels vous pourrez vous reporter en cas de doute sur la signification des termes essentiels acquis au cours des dix chapitres. De quoi maîtriser parfaitement votre nouvel ordinateur et son chef d'orchestre Windows 8 ! Néanmoins, s'il vous reste des questions sur certains points ou si vous avez des remarques, n'hésitez pas à m'envoyer un petit courriel à l'adresse `s.heudiard@laposte.net`.

Allez droit au but avec les 10 tâches essentielles de ce livre

Difficile de faire un choix parmi toutes les techniques que vous apprendrez dans ce livre et qui vous permettront d'obtenir le meilleur de votre ordinateur et de Windows 8. Mais une chose est sûre : vous n'irez nulle part si vous ne maîtrisez pas au moins les tâches listées dans le tableau ci-dessous !

Pour savoir comment...	... rendez-vous en page...
Démarrer Windows 8	27
Accéder aux deux environnements de Windows 8	32
Effectuer les trois grands types de clics	40
Taper n'importe quel caractère	69
Agir depuis l'écran tactile	148
Démarrer une application ou un programme	45
Visiter un site Web	90
Envoyer et recevoir des courriels	114 et 117
Accéder à vos documents, chansons et vidéos	133
Obtenir de nouvelles applications sur le Windows Store	192

Chapitre

1

Découvrez tous les visages de l'ordinateur

Même si vous venez juste de vous offrir un ordinateur flambant neuf et si vous êtes très impatient de l'allumer, pas question de foncer bille en tête ! Pour partir sur de bonnes bases, faisons d'abord le tour du propriétaire.

Ainsi, à la fin de ce chapitre, vous saurez, entre autres :

- ➔ Différencier les grands types d'ordinateurs
- ➔ Identifier les principaux composants d'un ordinateur
- ➔ Quel rôle joue Windows 8

Chapitre 1

Des ordinateurs pour tous les goûts et tous les besoins

Jamais le monde de l'informatique n'a connu plus grande révolution ! En effet, autrefois valeur sûre, les ordinateurs de bureau encombrants et sédentaires peinent maintenant à trouver des clients. Alors qu'à l'inverse, les toutes nouvelles tablettes séduisent de plus en plus de gens par leur légèreté et leur mobilité… mais sans offrir le même potentiel que les ordinateurs classiques. Ajoutez à cela le développement des écrans tactiles, et vous comprendrez que la situation n'a plus rien à voir avec celle des années passées !

C'est pourquoi je vous propose de passer en revue ensemble les différentes machines disponibles. Car selon ce que vous souhaitez faire avec votre ordinateur et la manière dont vous voulez l'utiliser, vous n'aurez pas besoin du même équipement. Par exemple, si vous voulez essentiellement garder accès à vos courriels, y compris pendant vos vacances à l'autre bout du monde, vous ne choisirez pas du tout le même ordinateur que si vous envisagez de faire du montage vidéo dans votre salon.

Pour aimer votre ordinateur, vous devez choisir un modèle en parfaite adéquation avec vos besoins et votre manière de pratiquer l'informatique. Par exemple, ne cassez pas votre tirelire pour un portable ultraléger si vous n'avez pas l'intention d'utiliser votre ordinateur ailleurs que chez vous.

Les ordinateurs de bureau

Ces ordinateurs sont aussi appelés **ordinateurs fixes**, car vous ne pourrez pas les utiliser ailleurs que chez vous : une fois installés, pas question de les bouger ! D'une part, parce qu'ils sont trop massifs, trop lourds et composés de plusieurs éléments ; d'autre part, parce qu'ils doivent obligatoirement être branchés sur le secteur pour fonctionner.

On distingue deux types d'ordinateurs fixes :

- **les ordinateurs de bureau classiques**, constitués d'un écran, d'un clavier, d'une souris et d'un gros boîtier appelé *unité centrale*, qui renferme tous les composants internes de l'ordinateur ;
- **les ordinateurs tout-en-un** (ou encore **AIO**, abréviation de « all in one » en anglais), constitués d'un clavier, d'une souris et d'un écran assez épais pour contenir tous les composants internes de l'ordinateur.

L'écran tactile est de plus en plus répandu sur les ordinateurs tout-en-un, mais il reste encore une exception pour les machines de bureau classiques, dont il majore alors nettement le prix.

Ordinateur tout-en-un

Ordinateur de bureau classique

Même s'ils sont beaucoup plus sveltes que par le passé, voire dépourvus de boîtier dans le cas des AIO, les ordinateurs de bureau restent trop imposants pour voyager.

Les ordinateurs portables

Monoblocs, beaucoup plus légers que leurs collègues de bureau et capables de fonctionner n'importe où grâce à leur batterie, les portables sont conçus pour pouvoir vous accompagner sur votre terrasse, en week-end, en vacances et partout où vous voudrez ! Mais parmi toutes ces machines nomades, certaines le sont plus que d'autres... On distingue ainsi deux grands types d'ordinateurs portables.

- **Les portables classiques.** Ces machines sont constituées d'un écran solidaire du clavier et du *dispositif de pointage*, sorte de souris extra-plate placée au bas des touches. L'écran se trouve dans un « capot » qui s'ouvre pour vous faire face, tandis que le clavier est installé sur une base qui renferme tous les composants internes de l'ordinateur.

  Les portables se déclinent en différentes catégories, selon leur taille et leur poids. Cela va de l'*ultraportable* (pesant moins de 2 kg et doté d'un écran de 13 pouces, au maximum) au *transportable* (avec un poids supérieur à 3 kg et un écran d'au moins 17 pouces). L'écran tactile tend à se généraliser sur les ultraportables, mais reste encore assez rare sur les autres modèles ; dans tous les cas, il augmente facilement le prix de la machine d'au moins 150 €.

Si le portable a longtemps été l'ordinateur nomade par excellence, il subit aujourd'hui de plein fouet la concurrence des tablettes, beaucoup plus légères et design.

- **Les tablettes PC.** Très légères et dotées pour la plupart d'un écran de moins de 12 pouces, ces machines sont aussi appelées **PC hybrides**, car elles vous offrent en fait deux ordinateurs en un : une tablette et un PC portable. En effet, elles se composent d'une tablette associée à un clavier amovible. Selon vos besoins, vous pouvez donc utiliser la première seule, comme une tablette classique (pour regarder des photos, par exemple), ou *clipsée* (fixée) sur le clavier, et disposer alors d'un véritable portable (idéal pour taper un document, notamment).

Pionnière en matière de tablettes PC, la Surface de Microsoft (à droite) est assurément la plus connue ; mais ses concurrents sont de plus en plus nombreux.

Les tablettes

Ces ordinateurs d'un autre genre se résument à un appareil rectangulaire d'une dizaine de millimètres d'épaisseur, dont presque toute la surface est occupée par un écran tactile de 7 à 10 pouces, le plus souvent. Dépourvues de clavier physique et d'un poids souvent inférieur à 800 g, les tablettes se révèlent idéales pour profiter de l'Internet et de vos photos en voyage. Mais étant donné leur puissance et leurs fonctionnalités limitées, elles ne peuvent absolument pas servir d'ordinateur principal.

Bien qu'il y ait eu quelques autres tablettes avant lui et que les fabricants en sortent de nouvelles aujourd'hui, l'iPad d'Apple reste aujourd'hui encore la tablette la plus renommée.

COUP DE POUCE !

PC ou Mac ?

Après ce large tour d'horizon, vous pensiez sans doute connaître tous les types d'ordinateurs. Mais détrompez-vous ! Un autre paramètre scinde le monde informatique en deux : le fabricant.

Ainsi, la société Apple (la marque à la pomme !) fabrique exclusivement des ordinateurs de type **Mac**, commandés par le super programme *Mac OS*. C'est aussi la seule à produire le fameux *iPad*.

Tous les autres constructeurs informatiques (Asus, Dell, HP, Sony, *etc.*) fabriquent des **PC** (régis pour la majorité par le super programme *Windows*, et pour une minorité par le programme *Linux*) et des tablettes commandées par Windows ou le système *Android*.

Les PC équipés de Windows restant, de loin, les ordinateurs les plus répandus, c'est à eux que ce livre se consacrera.

MacBook

iMac

Voyage au cœur de l'ordinateur

Et si, après avoir observé le monde des ordinateurs de haut, nous l'examinions de l'intérieur ? Car pour faire vraiment bon usage de votre machine, vous devez connaître l'essentiel de ce qui se cache sous son capot : aucun artisan (même mal chaussé !) ne peut travailler correctement s'il ignore tout de ses outils.

Du matériel

Qu'ils soient de bureau ou portables, tous les ordinateurs renferment un certain nombre d'éléments matériels en commun. Mais plutôt que de vous imposer un long catalogage indigeste, je préfère me limiter aux trois composants que vous devez absolument connaître.

- **Le processeur.** Cette puce électronique est une lointaine cousine de celle qui figure sur votre carte bancaire ou Vitale, car sa puissance est phénoménale : imaginez qu'elle réalise facilement plusieurs milliards d'opérations par seconde ! Elle constitue donc le véritable cerveau de l'ordinateur, auquel elle permet de fonctionner à un rythme effréné et d'accomplir plusieurs tâches en même temps.

- **Le disque dur.** Ce dispositif constitué d'un petit disque dans un boîtier stocke toutes les informations indispensables au fonctionnement de l'ordinateur, ainsi que les programmes et vos productions personnelles (documents, photos, chansons, *etc.*). Et surtout, il les conserve à l'extinction de la machine, de sorte que vous les retrouvez à chaque utilisation de l'ordinateur. Ouf !

- **Les lecteurs.** Ces appareils sont conçus pour accueillir un *support de stockage amovible*, c'est-à-dire un dispositif où vous enregistrez des informations, comme un CD de chansons ou une carte mémoire d'appareil photo avec des clichés. Exception faite, généralement, des tablettes PC et des tablettes, tous les ordinateurs possèdent un *lecteur optique*, prévu pour lire des CD et des DVD, et pour y *graver* (copier) des informations. Et la plupart sont aussi équipés d'un *lecteur de cartes mémoire*, conçu pour exploiter le contenu des cartes d'appareils photo numériques.

Des connexions

Mais votre ordinateur ne peut pas fonctionner en autarcie : comment ferait-il pour imprimer seul vos plus belles photos, par exemple ? Pour vous permettre de brancher un appareil extérieur, comme une souris ou un écran, il possède donc différentes **connexions** (aussi appelées **ports**, voire *prises*). Leur nombre et leur nature dépendent du type d'ordinateur : une machine de bureau en possède évidemment beaucoup plus qu'une tablette PC. Mais pratiquement tous les ordinateurs possèdent au moins les deux suivantes.

- **Des ports USB.** Ces connexions sont si indispensables et si utilisées qu'il y en a presque toujours au moins deux. Petites, rectangulaires et identifiées par l'icône , elles servent à brancher la plupart des appareils externes, comme un scanner pour numériser vos anciennes photos, une *clé USB* (petit support de stockage de la taille d'un briquet) pour garder une copie de vos documents avec vous ou, tout simplement, une « vraie » souris pour cliquer plus facilement avec votre ordinateur portable.
- **Une connexion Wi-Fi** (prononcez « ouifi »). Identifiée par l'icône , elle se caractérise d'abord par l'absence de branchement physique, car les dispositifs compatibles avec cette technologie se relient entre eux par le biais d'ondes électromagnétiques. Le Wi-Fi vous servira surtout à vous connecter à l'Internet et, dans une moindre mesure, à relier votre ordinateur à des appareils comme votre téléphone mobile et votre imprimante.

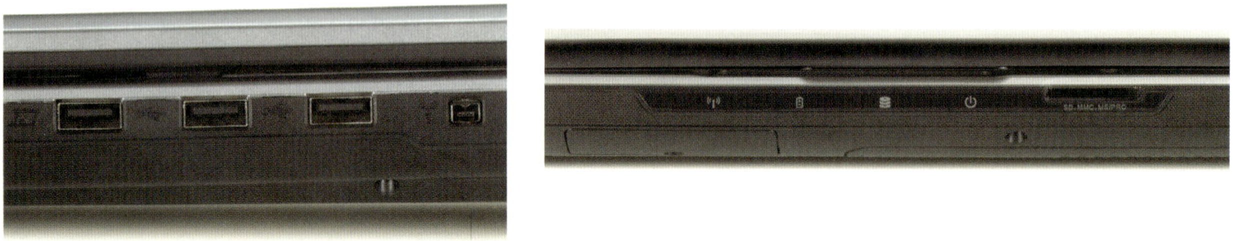

Sans connexions, votre ordinateur serait comme une âme en peine, car coupé du monde : il ne pourrait même pas vous emmener sur l'Internet !

Des programmes

Après toutes ces considérations matérielles, vous avez sans doute très envie de passer à l'action. Encore un peu de patience… car votre ordinateur n'est pas qu'un assemblage d'appareils et de connexions : pour que tout ce petit monde s'anime et cohabite, et qu'il vous permette d'accéder à l'Internet ou de regarder des DVD, par exemple, il faut aussi des **programmes** (ou **logiciels**, pour employer le terme technique). Ceux-ci sont de trois types.

- **Le système d'exploitation.** Ce programme extrêmement puissant commande votre ordinateur : il veille à la fois à ce que tous les composants de votre machine fonctionnent en bonne harmonie et à ce qu'ils réagissent à vos sollicitations. Si l'on comparait votre ordinateur à une voiture, le système d'exploitation serait un peu son tableau de bord et son volant. Dans ce livre, vous apprendrez à utiliser celui qui équipe la plupart des PC récents : *Windows 8*. Nous y reviendrons dans la section suivante.
- **Les pilotes** (ou **drivers**). Ces programmes permettent à votre ordinateur d'exploiter correctement chaque composant matériel (clavier, disque dur, *etc.*). La plupart du temps, ils agissent dans l'ombre, sans votre intervention, mais il est important que vous connaissiez leur existence, car en cas de problème avec l'un de vos appareils, c'est souvent au niveau des pilotes que vous devrez agir (notamment en les remplaçant par un plus récent à récupérer sur le site Web du fabricant).
- **Les applications**. Ces programmes sont conçus spécialement pour vous. En effet, c'est grâce à eux que vous pourrez regarder vos photos numériques, créer des documents ou visiter des pages Web, par exemple. Windows 8 en inclut un bon nombre, mais vous pourrez à tout moment en ajouter d'autres en fonction de vos besoins. Microsoft vous propose à cette fin son gigantesque magasin en ligne, le *Windows Store*, qui « commercialise » même des applications gratuites ! Vous le découvrirez au chapitre 10.

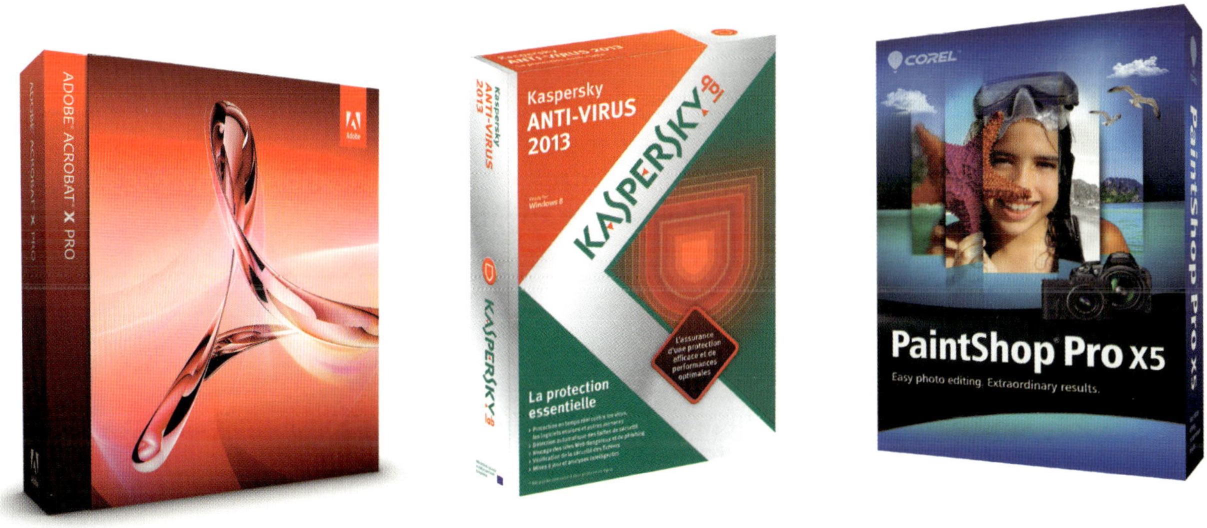

Un ordinateur sans programmes serait un peu comme un pantin sans ficelles : une machine inerte dont vous ne pourriez rien obtenir !

Windows 8 aux commandes

Nous avons déjà évoqué **Windows 8** plusieurs fois au cours de ce chapitre, mais nous ne pouvons pas en rester là : véritable chef d'orchestre de votre ordinateur, il sera votre compagnon de chaque instant. Il doit donc vous être présenté en bonne et due forme !

- **Un gestionnaire de l'ombre.** En coulisses, Windows 8 s'assure en permanence que tous les matériels et programmes fonctionnent en bonne intelligence ; il fait aussi le nécessaire pour préserver les performances et la sécurité de votre ordinateur.

- **Un interlocuteur de choc.** En parallèle des tâches de maintenance qu'il réalise seul, Windows 8 reste à votre écoute et exécute chaque commande que vous déclenchez en cliquant ou, si vous utilisez un écran tactile, en touchant. Il inclut d'ailleurs à cette fin bon nombre d'applications, comme Photos pour admirer vos clichés ou Internet Explorer pour visiter des pages Web.

- **Un centralisateur hors pair.** Windows 8 vous plonge au cœur du *Nuage* (ou encore *Cloud*), vous offrant ainsi un accès permanent à vos photos, vos amis Facebook, votre carnet d'adresses, vos applications achetées sur Windows Store, *etc.* depuis tous vos appareils équipés de Windows 8 (comme votre ordinateur, votre tablette et votre smartphone).

  Il veille aussi à ce qu'un même bloc d'informations (tel un document ou votre calendrier) stocké sur vos différents appareils reste identique sur chacun d'eux. Par exemple, si vous changez le numéro de téléphone d'un ami sur votre tablette, Windows 8 répercute aussitôt la modification sur votre ordinateur.

Tactile ou non, classique ou RT, Windows 8 se reconnaît avant tout à son gros damier coloré. Mais vous devez d'abord retenir de lui qu'il commande votre ordinateur tout en restant votre chevalier servant.

Sacré phénomène que ce Windows 8, n'est-ce pas ? Et encore, vous n'avez pas tout vu ! Car il se décline en deux versions.

- **Windows 8 « classique »**, avec une variante Windows 8 Pro un peu plus riche et dédiée aux entreprises. Toutes deux fonctionnent sur des ordinateurs traditionnels, portables ou fixes, avec ou sans écran tactile.

- **Windows 8 RT**, conçu pour les tablettes. Cette version a le grand avantage d'inclure toute la suite Office, c'est-à-dire, entre autres, les programmes Word et Excel, pour taper des documents et gérer vos comptes ou un emprunt, notamment.

Toutefois, ce livre ne faisant « que » 216 pages, nous ne pouvons pas courir deux lièvres à la fois : je n'y traiterai donc que la version classique de Windows 8. Mais ne soyez pas surpris si je ne l'appelle plus que « Windows » : il sera toujours bien question de Windows 8 !

✓ TESTEZ-VOUS !

Avez-vous retenu les trois mots essentiels de ce chapitre ?

1

Disque dur

D'après vous, s'agit-il…

- **a** Du dispositif matériel interne qui stocke toutes les informations de votre ordinateur ?
- **b** D'un nouveau type de CD ultrarésistant ?
- **c** D'un appareil amovible qui permet de lire des vieux vinyles 45 tours sur votre ordinateur ?

2

USB

D'après vous, s'agit-il…

- **a** Du principal fabricant de tablettes PC ?
- **b** D'un mini ordinateur ultraléger et ultrafin ?
- **c** Du type de connexion le plus répandu sur les ordinateurs ?

3

Windows 8

D'après vous, s'agit-il…

- **a** D'une tablette équipée d'un écran de 8 pouces ?
- **b** Du super programme qui dirige votre ordinateur ?
- **c** D'un portable qui permet d'afficher 8 programmes simultanément grâce à une division intelligente de son écran ?

Réponses : 1 : a, 2 : c, 3 : b

Chapitre 2

Trois, deux, un… partez !

Après votre balade initiatique à la découverte de l'ordinateur en général et en particulier, vous commencez sans doute à avoir des fourmis dans les doigts. Ne les faisons donc pas languir davantage : mettons le contact et plongeons dans l'univers de Windows 8 !

Ainsi, à la fin de ce chapitre, vous saurez, entre autres :

- ➔ Allumer et éteindre votre ordinateur
- ➔ Vous repérer dans Windows 8
- ➔ Basculer entre les deux environnements de Windows 8

Paré pour le départ

Qui veut voyager loin ne doit pas seulement ménager sa monture : il faut aussi que chacun soit dans les meilleures dispositions possibles. Cela suppose à la fois de préparer correctement votre machine et de vous installer de manière aussi ergonomique que possible.

Après avoir délicatement sorti de son carton votre ordinateur et tout ce qui l'accompagne, comme des câbles, un chargeur de batterie et/ou des DVD, vérifiez par rapport à votre facture et votre documentation qu'il ne vous manque rien. Ensuite, accomplissez les quelques préparatifs indispensables (dans la joie et la bonne humeur, bien sûr !).

- Si vous possédez un **ordinateur de bureau** et un budget un peu serré, utilisez simplement une multiprise de qualité pour brancher l'écran, l'unité centrale et tout autre appareil, comme une imprimante ; mais si vous pouvez vous le permettre, offrez-vous un *parasurtenseur*, sorte de multiprise améliorée qui protégera en plus tous les dispositifs contre les surtensions. Ensuite, libérez de l'espace à proximité d'une prise murale et d'une prise téléphonique.

  Placez les différents composants de l'ordinateur à un endroit d'où ils n'auront plus à bouger, en veillant à laisser suffisamment d'espace autour de l'unité centrale pour éviter les surchauffes. Effectuez finalement les branchements requis en suivant le schéma d'installation fourni avec votre ordinateur.

Pour brancher l'écran et l'unité centrale de votre ordinateur de bureau, et peut-être une imprimante, vous aurez au moins besoin d'une multiprise. Mais pour ne pas risquer l'accident fatal en cas d'orage, par exemple, l'idéal est d'investir dans un parasurtenseur.

- Si vous avez acheté un **portable** et si sa batterie n'est pas installée, insérez-la dans le logement prévu à cet effet : aucun risque de vous tromper si vous observez bien sa forme, ses encoches et ses connecteurs. Quand un petit clic indique qu'elle est bien en place, fermez le loquet de sécurité.

  Ensuite, branchez l'un des câbles du chargeur sur la prise de votre ordinateur identifiée par le symbole ⎓ ou 🔌, et l'autre sur une prise murale. Le témoin de charge de la batterie s'allume : laissez votre portable se ressourcer le temps nécessaire. Quand le témoin indique que la batterie est complètement chargée (le plus souvent, il devient vert ou bleu), débranchez tout.

Pour un portable, la batterie est le nerf de la guerre. Vous n'irez donc nulle part si elle n'est pas installée !

Installez-vous confortablement

Si vous voulez échapper aux tensions dans la nuque, au mal de dos, aux tendinites du poignet et à la fatigue oculaire, prenez dès le départ la meilleure posture qui soit et de bonnes habitudes.

- Si vous utilisez un ordinateur portable, posez-le sur une table ou sur un bureau, et ouvrez son couvercle à un peu plus de 90°. Évitez absolument de le mettre sur vos genoux, car il risquerait de tomber et chaufferait trop vite ; par ailleurs, votre position ne serait pas du tout ergonomique.
- Asseyez-vous sur un **siège de hauteur réglable** et posez vos pieds à plat sur le sol. Ajustez ensuite sa hauteur de telle sorte qu'une fois vos mains sur le clavier, vos coudes forment un angle droit, et vos poignets ne soient pas « cassés ». Veillez aussi à ce que votre tronc soit perpendiculaire au bassin et à ce que vos genoux se trouvent plus haut que celui-ci ; ainsi, vous vous appuierez automatiquement contre le dossier.
- Orientez l'**écran** à peu près perpendiculairement à l'éclairage principal de la pièce (fenêtre, lampe sur pied, ou autre) ; sinon, vous serez gêné par la réverbération ou fatigué par l'excès de lumière face à vous. Si vous

possédez un ordinateur de bureau, éloignez l'écran à une soixantaine de centimètres de vos yeux et essayez que ceux-ci arrivent au niveau de la partie supérieure de l'écran.

- Assurez un **éclairage** ni trop puissant, ni trop faible : si nécessaire, fermez certains rideaux ou ajoutez une lumière d'appoint.
- Marquez des **pauses** régulièrement, a fortiori si vous utilisez un portable, beaucoup moins ergonomique. Au moins une fois par heure, levez-vous, marchez un peu, faites quelques étirements et regardez au loin par la fenêtre.

Soyez vraiment vigilant sur votre position et celle de votre ordinateur, sans quoi l'utilisation de votre machine finira vraiment en cauchemar !

En route pour Windows 8 !

Maintenant que votre ordinateur est opérationnel et que vous-même êtes convenablement installé, vous pouvez mettre votre machine en route et découvrir celui que vous connaissez pour l'instant uniquement en théorie : Windows 8.

TOUT PREMIERS PAS

Démarrez votre ordinateur et Windows 8

1 Première action, bien sûr : allumer l'ordinateur.

- S'il s'agit d'un modèle de bureau, démarrez l'unité centrale et l'écran en enfonçant brièvement leur bouton marqué de l'icône ⏻.
- S'il s'agit d'un portable, démarrez-le grâce au même bouton, souvent situé en haut du clavier.

2 L'écran s'allume et, presque aussitôt, Windows 8 entre en scène. La première fois, il vous invite à effectuer un certain nombre de réglages, comme l'explique le « Coup de pouce » qui suit ce « Tout premiers pas ».

Mais par la suite, vous arriverez toujours devant l'*écran de verrouillage*, grande image d'arrière-plan avec, dans son angle inférieur gauche, différents éléments informatifs, comme l'heure. Cliquez alors sur ce joli décor (reportez-vous au chapitre 3 si vous avez besoin d'aide sur l'utilisation de la souris ou du dispositif de pointage) ou, si vous possédez un écran tactile, faites glisser votre doigt dessus, de bas en haut.

3 Une zone de texte apparaît. Si vous disposez uniquement du clavier physique, tapez votre mot de passe et enfoncez brièvement la grosse touche **Entrée** ; mais si le clavier virtuel s'est affiché à l'écran parce que celui-ci est tactile, touchez chaque lettre de votre mot, puis **Entrée**. Dans les deux cas, vous vous retrouvez face au gros damier coloré, si caractéristique de Windows 8 et avec lequel vous allez faire plus ample connaissance dans un instant.

COUP DE POUCE !

Premier démarrage rime avec réglages !

La première fois que vous allumez votre ordinateur, Windows 8 vous propose d'effectuer quelques réglages pour qu'à son prochain démarrage, votre machine soit 100 % opérationnelle. Voici les principales étapes que vous devrez franchir.

1. **Choisir une couleur de fond** pour votre écran **et un nom** pour votre ordinateur : cliquez sur la case de la couleur souhaitée, puis dans la zone de saisie au-dessous, tapez le nom voulu depuis le clavier et cliquez sur **Suivant**.

2. **Paramétrer votre *connexion Wi-Fi***. Cette étape est indispensable pour relier votre ordinateur à l'Internet, mais vous n'êtes pas obligé de l'accomplir maintenant : si vous préférez faire ce réglage à tête reposée par la suite, cliquez sur **Se connecter à un réseau sans fil plus tard**, tout en bas. Sinon, si votre machine est bien compatible avec cette technologie sans fil qu'est le Wi-Fi, et si vous avez déjà souscrit l'abonnement correspondant auprès d'un *fournisseur d'accès à l'Internet (FAI)* (société, comme Orange ou Free, qui assure votre accès à l'Internet moyennant paiement), cliquez sur le nom de votre connexion, tapez la *clé de sécurité* (longue suite de chiffres et de lettres donnée par votre FAI) et cliquez sur **Se connecter**.

3. **Fournir l'adresse de votre compte Microsoft**. Puisque je ne vous expliquerai qu'au chapitre 6 comment vous créer un tel compte, ignorez cette étape pour l'instant en cliquant directement sur **Suivant**.

4. **Protéger l'accès à votre ordinateur** : tapez votre prénom ou un pseudo, ainsi qu'un mot de passe de votre choix et une indication pour vous aider à le retrouver en cas d'oubli, puis cliquez sur **Terminer**. Cela fait, à chaque fois que vous allumerez votre machine, l'écran de verrouillage vous demandera votre prénom ou pseudo et votre mot de passe, barrant ainsi la porte aux intrus qui voudraient utiliser votre ordinateur.

Quel que soient le jour, l'heure et même la seconde (!) où vous allumez votre ordinateur, votre parcours se termine toujours devant l'**écran d'accueil** et ses rectangles colorés, appelés vignettes (voire *tuiles*). Chacune d'elles est directement associée à une *application* (c'est-à-dire un programme) ou à une fonctionnalité de votre ordinateur, à laquelle elle offre un accès immédiat.

Les vignettes de l'écran d'accueil font bien plus qu'égayer votre environnement informatique : elles servent d'abord à démarrer des applications et à informer.

Certaines vignettes changent en plus d'apparence. Parfois, notamment avec l'application Photos, l'objectif est purement esthétique. Mais le plus souvent, les vignettes profitent de votre connexion à l'Internet pour vous informer en temps réel et vous donner, par exemple, la météo à Paris ou Londres, ou vous livrer les derniers flashs de l'actualité. Aucun doute : Windows 8 est vraiment en phase avec son époque !

Pourtant, il a conservé certaines valeurs du passé, puisque cet environnement moderne de l'écran d'accueil fonctionne en parallèle avec l'environnement classique du **bureau**. En effet, celui-ci est un passage obligé pour l'utilisation des programmes traditionnels et de la plupart des outils dédiés à la gestion et la maintenance de votre ordinateur.

Le bureau se présente sous la forme d'une grande image d'arrière-plan avec, au moins, l'*icône de la Corbeille* dans son angle supérieur gauche, et la *barre des tâches* tout en bas.

Tout droit rescapé des précédentes versions de Windows, le bureau a encore de beaux jours devant lui, puisque bon nombre de programmes ne fonctionnent qu'avec lui.

- L'icône de la Corbeille. Cette imagette matérialise et donne accès à un outil très précieux qui stocke tous les documents, clichés, *etc.* que vous supprimez sur votre ordinateur : la *Corbeille*. Selon que cette dernière contient ou non des éléments, son icône se présente sous la forme ou .

  Dans les deux cas, vous pouvez ouvrir la Corbeille en *double-cliquant* avec la souris sur cette imagette ou en tapotant dessus deux fois avec le doigt à l'écran : cela vous permet alors de récupérer n'importe quel élément supprimé à tort (comme nous le verrons au chapitre 7) : génial !

- La barre des tâches. Cette longue barre présente deux intérêts majeurs.

  - **Offrir un accès express à certains programmes** : il suffit de cliquer sur leur icône au début de la barre ou de la toucher du doigt. Par exemple, l'icône ouvre l'Explorateur, dédié à la gestion du contenu de votre ordinateur. Une icône supplémentaire s'affiche pour chaque programme que vous démarrez, mais disparaît instantanément dès que vous fermez le programme.

  - **Vous informer et vous permettre d'agir rapidement** : cette fois, tout se passe complètement à droite, dans la *zone de notification*. En effet, celle-ci affiche l'heure et la date en permanence, ainsi que des icônes concernant des événements en cours. Par exemple, renseigne sur l'état de votre connexion Wi-Fi à l'Internet, tandis que indique si le son est coupé ou non, et permet de régler le volume.

Les trois icônes « encadrées » au début de la barre des tâches correspondent aux trois programmes actuellement ouverts sur le bureau. À l'autre extrémité, les icônes de la zone de notification indiquent, entre autres, que votre ordinateur est connecté à l'Internet ( ), mais que sa sécurité est menacée ( ).

TOUT PREMIERS PAS

Basculez entre les deux environnements de Windows 8

1 La cohabitation entre un environnement moderne et un environnement classique vous obligera forcément à passer de l'un à l'autre très souvent. C'est sans doute pour cela que Windows 8 a prévu plusieurs techniques à cette fin. Mais pour ne pas vous mélanger les pinceaux, contentez-vous de retenir la méthode passe-partout, et vous serez sauvé !

Que vous vouliez passer de l'environnement moderne au classique, ou inversement, donc, enfoncez juste brièvement la touche `Windows`, marquée du logo Windows et située dans la partie inférieure gauche du clavier. À moins que vous ne possédiez une tablette PC ? Dans ce cas, vous obtiendrez exactement le même résultat en appuyant sur le bouton **Windows** au bas de la tablette.

Mais attention, quel que soit l'ordinateur, enfoncer la touche `Windows` ou le bouton **Windows** quand vous vous trouvez dans une application moderne affiche toujours l'écran d'accueil. Pour basculer sur le bureau, vous devez répéter l'opération.

Quand vient l'heure de la pause

Vous voici à peine arrivé dans Windows 8 que déjà, je vous invite à éteindre votre ordinateur. Quelle cruauté ! Mais vous ne pouvez pas vous lancer dans la consultation de photos, l'échange de courriels ou l'écoute de chansons si vous ne maîtrisez pas le B A ba de Windows.

D'autant qu'un ordinateur ne s'éteint pas aussi directement qu'une cafetière ou un poste de radio : pas question d'appuyer sur son bouton de mise en route ni, *a fortiori*, de le débrancher ! Vous devez demander à Windows de prendre les choses en main, comme nous allons le voir dans le « Tout premiers pas » ci-après. Mais pour suivre celui-ci, n'oubliez pas qu'en cas de difficulté avec la souris ou le dispositif de pointage, vous pouvez toujours faire un petit détour par le chapitre 3.

TOUT PREMIERS PAS

Éteignez votre ordinateur

1 Pour ne pas perturber l'arrêt ni le redémarrage ultérieur de votre ordinateur, fermez toujours l'ensemble des applications et programmes ouverts avant de confier les rênes à Windows (procédures que vous découvrirez, elles aussi, au chapitre 3). Ensuite, peu importe que vous vous trouviez sur l'écran d'accueil moderne ou le bureau classique : *pointez* l'angle inférieur droit de l'écran ou, si celui-ci est tactile, faites glisser votre doigt depuis son bord droit vers la gauche.

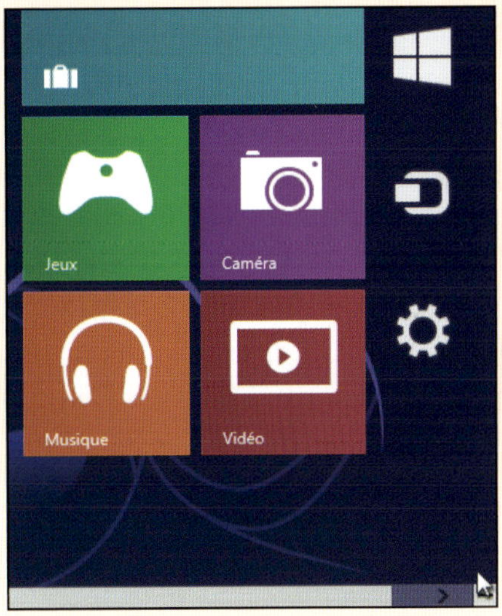

Dans les deux cas, une colonne d'icônes s'affiche : appelée *barre des contrôles*, elle fait partie des composants les plus importants de Windows. Donc mémorisez bien son nom et la manière d'y accéder !

2 *Cliquez* sur l'icône de roue crantée, c'est-à-dire la commande **Paramètres**, ou touchez-la du doigt.

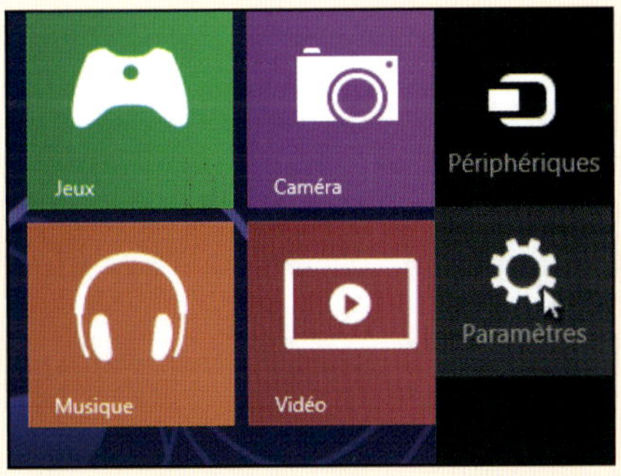

3 Le panneau **Paramètres** apparaît : cliquez sur **Marche/Arrêt** ou touchez cette commande.

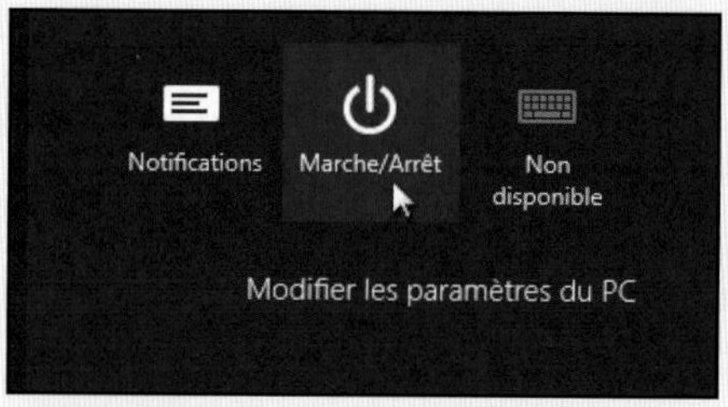

4 Un *menu*, c'est-à-dire une liste de commandes, apparaît. Parions que vous avez déjà deviné l'action à réaliser maintenant… Cliquez sur **Arrêter** ou touchez cette commande.

5 Windows arrête un à un tous les composants de votre machine, qui devient finalement totalement silencieuse. Si vous possédez un ordinateur fixe traditionnel, il ne vous reste plus qu'à éteindre l'écran en appuyant sur son bouton marqué de l'icône ⏻.

COUP DE POUCE !

Pas d'arrêt complet pour les petites pauses

Chaque arrêt et démarrage de votre ordinateur sollicitant fortement ses composants internes, mieux vaut ne pas en passer par là quand vous prévoyez juste de vous interrompre quelques dizaines de minutes. Autrement dit, pour les petites pauses, contentez-vous d'une *mise en veille*.

Windows n'arrête alors que certains dispositifs et fait fonctionner les autres au ralenti : votre machine reste donc allumée, mais en consommant un minimum d'énergie. Ainsi, elle ne tourne pas à plein régime pour rien et peut repartir à tout moment sur les chapeaux de roues en quelques instants. Cela se révèle notamment idéal quand vous utilisez votre portable pour consulter vos courriels de temps en temps pendant que vous êtes occupé par ailleurs.

Pour mettre votre ordinateur en veille, répétez les étapes 1 à 3 du « Tout premier pas » précédent, puis cliquez sur **Veille** ou touchez cette commande. Et pour le ranimer ensuite, appuyez sur une touche du clavier ou, si cela ne suffit pas, enfoncez brièvement le bouton de mise en route.

Mais sachez quand même que, là aussi, avec une tablette PC, vous pouvez atteindre votre objectif encore plus vite. En effet, il suffit d'appuyer brièvement sur son bouton de mise en route pour la mettre en veille… et de répéter ce geste pour la réveiller !

TESTEZ-VOUS !

Avez-vous retenu les trois mots essentiels de ce chapitre ?

1

D'après vous, s'agit-il…

- **a** De l'image avec le logo du fabricant de votre ordinateur qui s'affiche juste après le démarrage de celui-ci ?
- **b** De la liste des principales tâches réalisables avec Windows 8 qui s'affiche au démarrage de celui-ci ?
- **c** Du damier coloré qui constitue le décor de l'environnement moderne de Windows 8 ?

2

D'après vous, s'agit-il…

- **a** De l'image qui constitue l'arrière-plan de l'environnement classique de Windows 8 ?
- **b** Du service d'assistance de Microsoft ?
- **c** De l'application qui permet d'organiser à votre guise les éléments affichés à l'écran ?

3

D'après vous, s'agit-il…

- **a** De la barre verticale, affichable sur la gauche de l'écran pour connaître la date et l'heure, notamment ?
- **b** De la séries d'icônes affichable contre le bord droit de l'écran pour accéder notamment à la commande d'arrêt et à diverses commandes de réglage de l'ordinateur ?
- **c** De la fine barre au bas de l'écran qui liste les applications ouvertes ?

Réponses : 1 : c, 2 : a, 3 : b

Chapitre

3

Clic clic ? Entrez… au cœur des applications !

Même si Windows 8 a été conçu dans l'optique d'une utilisation tactile, la souris demeure essentielle dans l'accomplissement de très nombreuses tâches avec les applications. D'où la nécessité de l'apprivoiser tout en vous familiarisant avec les programmes.

Ainsi, à la fin de ce chapitre, vous saurez, entre autres :

➔ Pointer et cliquer avec une souris ou un dispositif de pointage

➔ Ouvrir et fermer des applications et des programmes

➔ Manipuler les fenêtres de programmes

Souris ronde ou plate : ça clique !

À l'image de ce petit village d'irréductibles Gaulois face à l'envahisseur romain, la souris résiste envers et contre tout. En effet, peu importe le développement des écrans tactiles et le succès phénoménal des ordinateurs portables qui permettent de cliquer avec leur seul dispositif de pointage : le « mulot » reste un outil de prédilection pour bon nombre de manipulations d'éléments et de textes à l'écran, ainsi que pour l'exécution de commandes complexes. Preuve en est que même les propriétaires d'ordinateurs portables ajoutent souvent une souris !

Il faut dire qu'elle possède de solides atouts : un dos rond qui facilite sa prise en main, un ventre plat qui lui permet de glisser en douceur, deux boutons pour cliquer dans la foulée, et même une *molette* (petite roulette) pour faire défiler du contenu à l'écran ! C'est pourquoi nous n'irons pas plus loin dans la découverte de Windows 8 sans dompter d'abord ce petit animal.

Souris classique

Souris avec des boutons dédiés à des fonctionnalités supplémentaires

Souris relookées

Wedge Touch Mouse

Que de diversité dans le monde des souris ! À côté des modèles classiques avec un ventre plat et, sur leur dos rond, deux boutons de part et d'autre d'une molette, il existe des souris équipées de boutons supplémentaires, d'autres au design révolutionnaire et d'autres, encore, totalement novatrices, comme la *Wedge Touch Mouse* de Microsoft qui permet même de toucher !

Dans un premier temps, je vous propose de passer en revue les principales actions réalisables avec la souris ; ainsi, vous pourrez à tout moment utiliser ce début de chapitre comme pense-bête. Mais juste après, nous plongerons dans le monde des applications et des programmes, et vous aurez alors maintes occasions de mettre vos connaissances en pratique.

Prenez votre souris bien en main

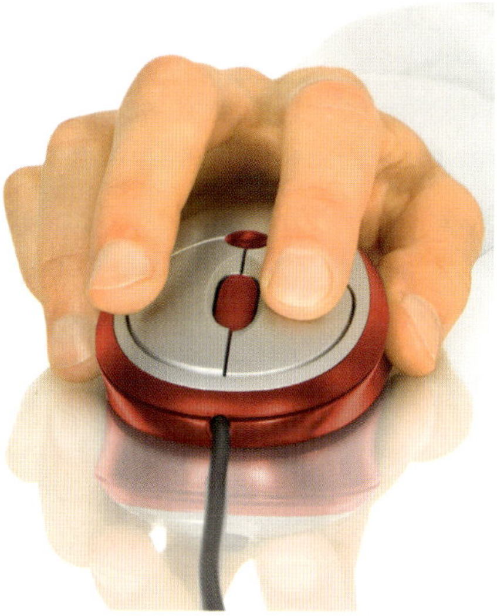

Pour vous obéir sans vous fatiguer, la souris doit être placée sur son ventre plat, le nez (c'est-à-dire la partie avec les boutons et la molette) vers l'écran, juste à côté du clavier. Ensuite, posez votre paume sur son dos arrondi, et saisissez-la avec le pouce d'un côté, et l'annulaire et l'auriculaire de l'autre ; placez votre index au-dessus du bouton gauche, et votre majeur au-dessus du droit : vous voilà prêt à pointer et cliquer !

Pointez

Une action simple, mais ô combien essentielle, car elle précède absolument tous les clics ! Seulement, pour la réussir, vous devez connaître le *pointeur*.

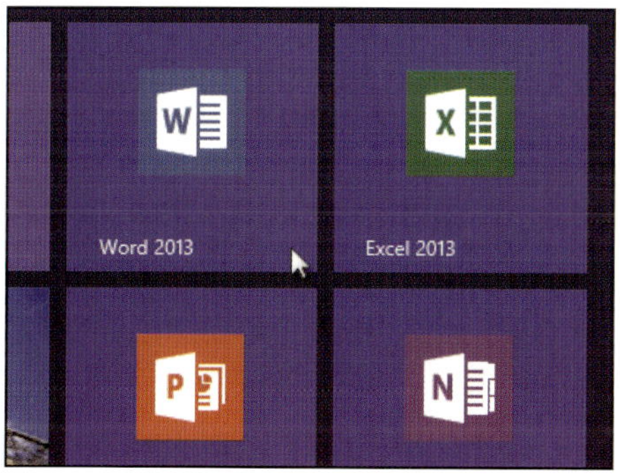

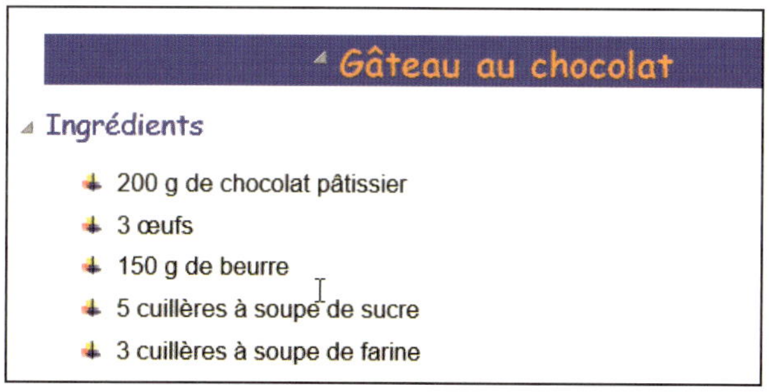

Gâteau au chocolat

Ingrédients

- 200 g de chocolat pâtissier
- 3 œufs
- 150 g de beurre
- 5 cuillères à soupe de sucre
- 3 cuillères à soupe de farine

Le pointeur de la souris est un véritable caméléon, mais ne le perdez jamais de vue, car sans lui, vous ne pourrez jamais agir dans Windows 8 !

Cette petite icône est la plus fidèle associée de la souris, puisqu'elle matérialise sa position à l'écran : elle se déplace donc devant vous conformément aux mouvements effectués avec le « mulot ». Représenté le plus souvent par une flèche blanche, le pointeur change régulièrement d'apparence en fonction de sa position et de la tâche en cours ; par exemple, il devient quand il se retrouve au-dessus d'un texte.

Pointer un élément consiste juste à positionner le pointeur dessus. Faites simplement glisser la souris dans le sens requis (sans enfoncer aucun bouton, donc) : aussitôt, le pointeur bouge dans la même direction à l'écran. Néanmoins, si vous devez le déplacer entre deux points très éloignés, n'emmenez pas la souris à l'autre bout de la pièce : après un premier glissement de quelques centimètres, ôtez-la de son support, reposez-la très doucement à son point de départ et effectuez un second glissement.

Dans l'environnement moderne de Windows 8, le pointage sert d'abord à accéder à des composants importants ; par exemple, pointer l'angle inférieur droit de l'écran d'accueil affiche la barre des contrôles. Dans l'environnement classique, pointer un élément s'emploie le plus souvent pour dévoiler un petit encadré informatif, appelé *infobulle*, qui donne le nom ou le rôle de l'élément.

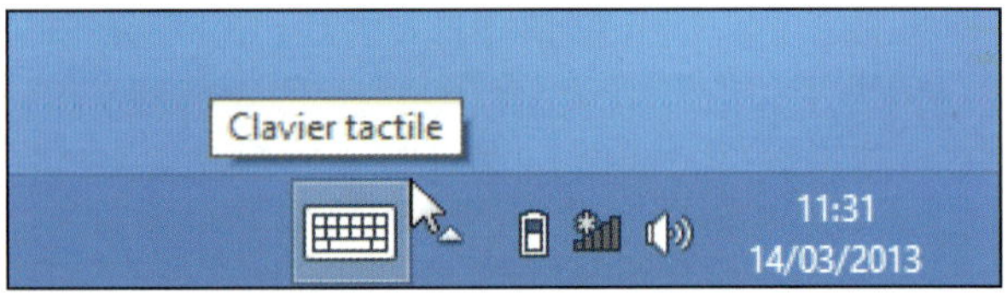

Clic !

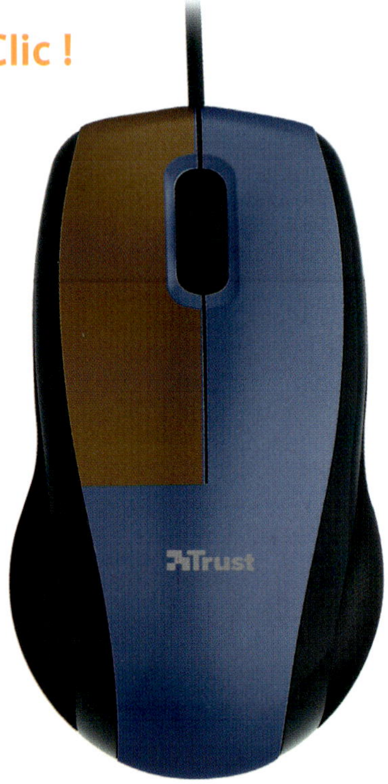

Cliquez

Autre action fondamentale s'il en est, puisque la plupart des commandes s'exécutent grâce à un clic. Par exemple, cliquer sur une vignette de l'écran d'accueil démarre l'application associée. Concrètement, pour cliquer, vous devez d'abord amener le pointeur au-dessus de l'élément sur lequel vous voulez cliquer (comme pour un pointage), puis enfoncer brièvement le bouton gauche de la souris.

Clic clic !

Double-cliquez

Là encore, commencez par placer le pointeur au-dessus de l'élément sur lequel vous voulez double-cliquer, puis enfoncez deux fois de suite brièvement et très vite le bouton gauche de la souris. Et en disant « très vite », je pèse mes mots ! Car si vous laissez trop de temps s'écouler entre les deux appuis sur le bouton du mulot, Windows considère que vous avez effectué deux clics distincts et ne produit pas du tout le résultat que vous attendiez.

Par exemple, vous pouvez double-cliquer sur une icône du bureau pour ouvrir l'élément qu'elle représente (comme avec la Corbeille dont nous avons parlé au chapitre 2). Mais si vous êtes trop lent, Windows interprète les choses totalement différemment et considère que vous voulez changer le nom de l'icône : rien à voir !

Clic !

Cliquez du bouton droit

Changement de bouton, mais même action de départ : après avoir positionné le pointeur au-dessus de l'élément sur lequel vous voulez effectuer un clic droit, enfoncez brièvement le bouton droit de la souris (logique !). Cette action donne accès à des commandes directement liées à l'élément.

Dans l'environnement moderne, cela affiche une barre avec différentes icônes au bas de l'écran (la *barre des tâches*). Dans l'environnement classique, cela entraîne l'apparition d'un panneau avec des intitulés textuels (un *menu contextuel*). Par exemple, cliquer du bouton droit sur le bureau affiche différentes commandes pour personnaliser l'apparence de celui-ci.

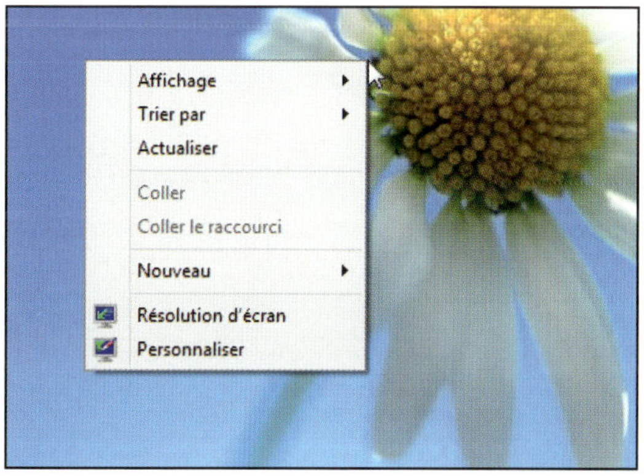

Glissez-déposez

Le nom de cette action traduit parfaitement l'effet produit : faire glisser un élément à l'écran pour le déposer à un autre endroit. Mais il ne laisse pas entendre que l'opération est assez délicate. Et pourtant…

D'abord, comme toujours, placez le pointeur sur l'élément à glisser-déposer. Ensuite, appuyez sur le bouton gauche de la souris avec l'index et, en le gardant enfoncé, faites glisser l'animal dans la direction dans laquelle déplacer l'élément. Une fois celui-ci à destination, relâchez le bouton. Cette action permet, par exemple, de fermer une application et de déplacer un bout d'image ou un texte.

Faites défiler

Cette action très pratique ne repose pas sur les boutons, mais sur la petite roulette nichée entre eux : la *molette*. Celle-ci intervient quand une application ou un programme manquent de place pour afficher tout leur contenu à la fois ; cela arrive notamment avec les longues pages Web, les grandes photos et les documents de plusieurs pages. Dans ces situations, faites tourner la molette vers l'avant ou l'arrière, selon que vous voulez accéder au contenu masqué qui précède ou suit celui visible.

COUP DE POUCE !

Cliquez sans souris

Étant conçus pour voyager, les ordinateurs portables sont dépourvus de souris baladeuse ; mais tous possèdent à la place un *dispositif de pointage* au-dessous du clavier. Même si celui-ci n'a pas du tout la même silhouette et s'il ne bouge pas d'un millimètre, l'air de famille est indéniable. Car juste au-dessous de sa zone rectangulaire sensible, appelée *pavé tactile*, figurent deux boutons, exactes répliques de ceux d'une vraie souris. Du coup…

- Pour **pointer**, posez doucement votre index sur le pavé tactile et, sans appuyer, faites-le glisser dans la direction vers laquelle vous voulez déplacer le pointeur ; une fois celui-ci à destination, relevez votre doigt.
- Pour **cliquer**, pointez l'élément sur lequel vous voulez cliquer et enfoncez brièvement le bouton gauche.
- Pour **double-cliquer**, là encore, pointez l'élément concerné, puis enfoncez et relâchez deux fois de suite *très vite* le bouton gauche.
- Pour **cliquer du bouton droit**, positionnez le pointeur sur l'élément concerné (forcément !), puis enfoncez brièvement le bouton droit.
- Pour **glisser-déposer** un élément, amenez d'abord le pointeur dessus. Ensuite, enfoncez le bouton gauche avec l'index gauche ou le pouce droit puis, sans relâcher le bouton, faites glisser l'index droit sur le pavé tactile dans la direction dans laquelle déplacer l'élément ; une fois celui-ci à destination, relevez vos deux doigts.

Voilà pour les dispositifs de pointage classiques. Mais certains, conçus spécialement pour Windows 8, vont encore plus loin : depuis leur pavé tactile, vous pouvez reproduire la plupart des actions normalement réalisées sur un écran tactile et que vous découvrirez au chapitre 8. Génial !

Chapitre 3

Poussez la porte des applications et des programmes

Que vous vous trouviez dans l'environnement moderne ou classique de Windows 8, vous ne pouvez pas accomplir la moindre tâche sans utiliser une application ou un programme spécialement conçu(e) à cet effet : par exemple, Internet Explorer pour consulter des pages Web, l'application Photos pour admirer vos clichés numériques, et la Calculatrice pour réaliser des opérations mathématiques.

Les applications comme les programmes peuvent être démarrés depuis l'écran d'accueil et s'ouvrent dans un « panneau » rectangulaire, appelé *fenêtre*. Seulement, celle-ci ne se présente pas du tout pareil selon l'environnement. En effet, la plupart du temps, la fenêtre d'une application occupe tout l'écran et n'affiche pas la moindre commande ; à l'inverse, celle d'un programme est souvent plus petite que le bureau et propose des commandes dans sa partie supérieure.

Attrapez votre souris (qui a sans doute très envie de se dégourdir les pattes !) et découvrons tout cela ensemble.

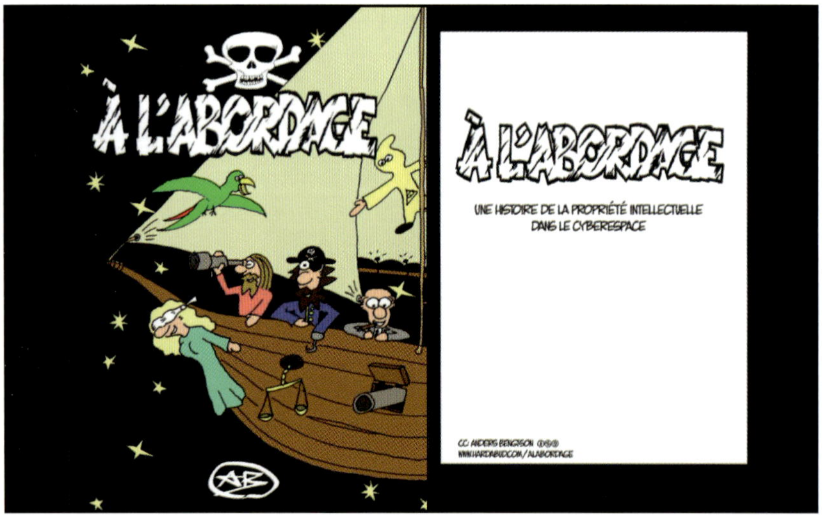

Application moderne (Lecteur)

Programme classique (Paint)

La disparité qui existe entre les environnements moderne et classique se retrouve entre les applications et les programmes : pas grand-chose de commun entre la fenêtre des unes et celle des autres.

TOUT PREMIERS PAS

Démarrez et fermez une application moderne

1 Voici venu le moment de mettre en pratique d'un seul coup d'un seul deux techniques que vous connaissez en théorie : démarrer une application moderne dont la vignette figure sur l'écran d'accueil et cliquer. Prêt ?

Alors, cliquez sur la vignette de l'application à ouvrir. Autrement dit, attrapez votre souris (sans la brusquer, bien sûr !) et faites-la glisser doucement dans le sens requis pour placer le pointeur sur la vignette concernée ; une fois la petite flèche blanche à destination, enfoncez brièvement le bouton gauche de l'animal. (Si la vignette de l'application à démarrer n'est pas visible, affichez-les toutes en suivant les étapes 1 et 2 du prochain « Tout premiers pas », puis cliquez sur l'heureuse élue dans la moitié gauche de l'écran.)

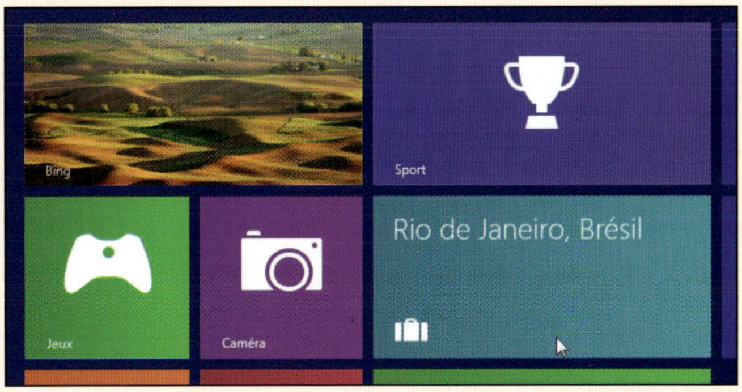

2 Une nouvelle fenêtre s'ouvre : premier clic réussi ! Sans aucune gêne, elle s'accapare absolument tout l'écran, indiquant parfois le nom de l'application en haut à gauche, et affichant son contenu au centre. Mais ne vous réjouissez pas trop vite, car beaucoup d'applications sont étroitement liées à l'Internet. Du coup, tant que vous n'êtes pas connecté à celui-ci, Windows vous propose juste un message invitant à établir cette connexion. Si vous voulez le faire dès maintenant, opérez un petit détour par le chapitre 5 pour savoir comment procéder.

Dans tous les cas, lorsque la fenêtre renferme un contenu trop grand pour apparaître en intégralité, accéder à celui masqué est un jeu d'enfant. Commencez par bouger légèrement la souris pour afficher une ou deux *barres de défilement* au bas et/ou sur le côté droit de l'écran. Ensuite, glissez-déposez le *curseur de défilement* de la barre requise (ce grand rectangle blanc ou très foncé au début de la barre) vers la droite ou le bas.

Mais au fait, vous rappelez-vous cette technique de haute voltige ? En déplaçant doucement la souris, amenez le pointeur sur le curseur de défilement. Ensuite, enfoncez le bouton gauche du mulot et, sans le relâcher, faites glisser l'animal dans le sens requis ; une fois que le contenu convoité devient visible, relâchez le bouton de la souris.

3 Restons-en là pour ce premier contact avec les fenêtres modernes : vous percerez leurs autres secrets au moment opportun dans la suite de ce livre. Pour fermer l'application devant vous, donc, attrapez-la par sa partie supérieure et glissez-déposez-la vers le bas, hors de l'écran.

En d'autres termes, amenez le pointeur en haut de la fenêtre ; quand il se transforme en petite main, appuyez sur le bouton gauche de la souris et déplacez celle-ci vers le bas, tout en gardant son bouton enfoncé. La fenêtre devient plus petite et un peu transparente, puis finit par disparaître complètement : vous pouvez relâcher le mulot !

TOUT PREMIERS PAS

Démarrez et fermez un programme classique

1 Même s'ils s'utilisent exclusivement dans l'environnement classique, les programmes peuvent être démarrés depuis l'écran d'accueil : belle aubaine ! Seulement, cela réclame plus qu'un simple clic traditionnel, car vous devez d'abord cliquer du bouton droit au bas de l'écran d'accueil.

Alors, amenez le pointeur au-dessous des vignettes, puis enfoncez brièvement le bouton droit de la souris. Quand la barre des tâches apparaît, cliquez (avec le bouton gauche, cette fois, donc) sur l'icône **Toutes les applications**.

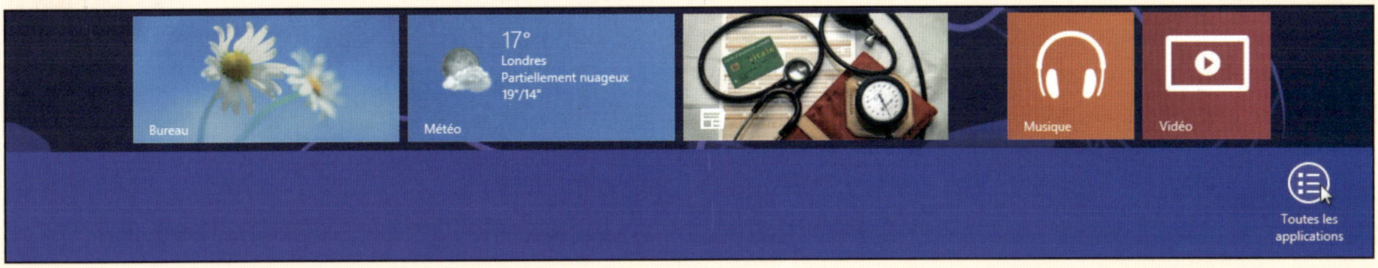

2 La liste de toutes les applications installées sur votre ordinateur apparaît, scindée en deux groupes. À gauche, les applications modernes, représentées par des mini vignettes de couleurs variées, et à droite, les programmes classiques, associés à des mini vignettes de même couleur. Dans ce second groupe, cliquez sur le programme à démarrer.

Si l'application souhaitée est masquée à droite, faites comme vous l'avez appris tout à l'heure : bougez la souris pour afficher une barre de défilement et servez-vous de cette dernière pour accéder aux vignettes cachées.

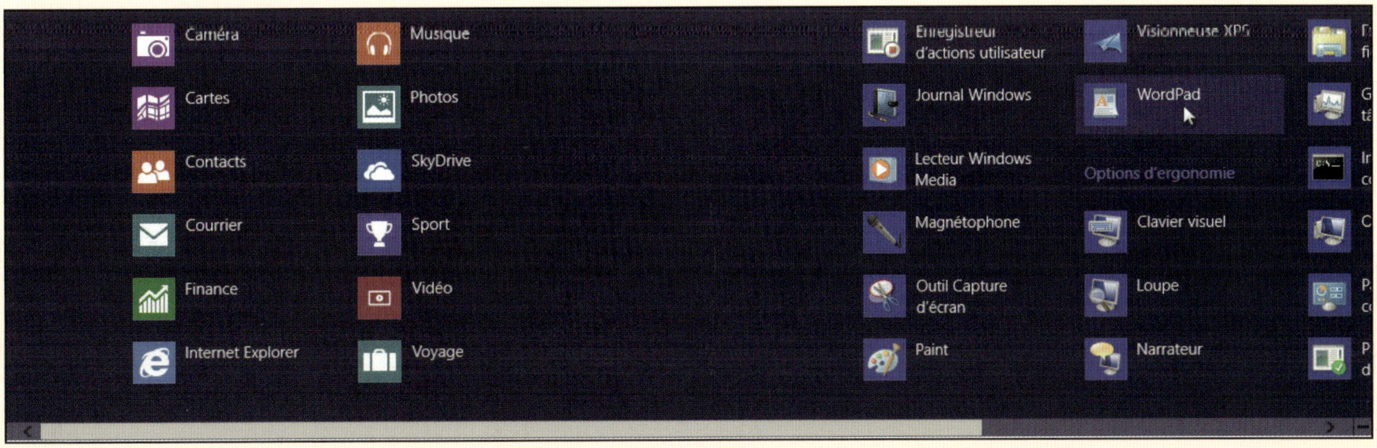

3 Changement de décor radical, puisque vous arrivez directement sur le bureau ; et force est de constater que la fenêtre du programme devant vous n'a rien à voir avec celle des applications modernes !

- Tout en haut figure la *barre de titre* : sa partie gauche indique au moins le nom du programme, tandis que sa partie droite propose des boutons pour redimensionner et fermer la fenêtre.
- Juste au-dessous figure le plus souvent une *barre d'outils* (barre assez étroite) ou un *ruban* (large bandeau) avec de nombreux boutons ou icônes ; chacun d'eux correspond à une commande que vous pouvez exécuter d'un simple clic sur ce bouton ou cette icône.
- Parfois, vous trouverez en plus une *barre de menus* entre les barres de titre et d'outils. Mais là, pas la moindre imagette pour égayer vos activités : juste de courts intitulés textuels ! Chacun correspond à un *menu*, c'est-à-dire un panneau de commandes que vous déroulez en cliquant sur le texte en question (le nom du menu, en fait). Ensuite, vous n'avez plus qu'à cliquer sur la commande que vous voulez exécuter.

Ne nous aventurons pas plus loin dans l'immédiat, et voyons plutôt comment fermer un programme : une action simple comme bonjour, surtout maintenant que vous avez apprivoisé la souris ! Cliquez sur le bouton × tout à la fin de la barre de titre. Et hop, tout le monde s'en va !

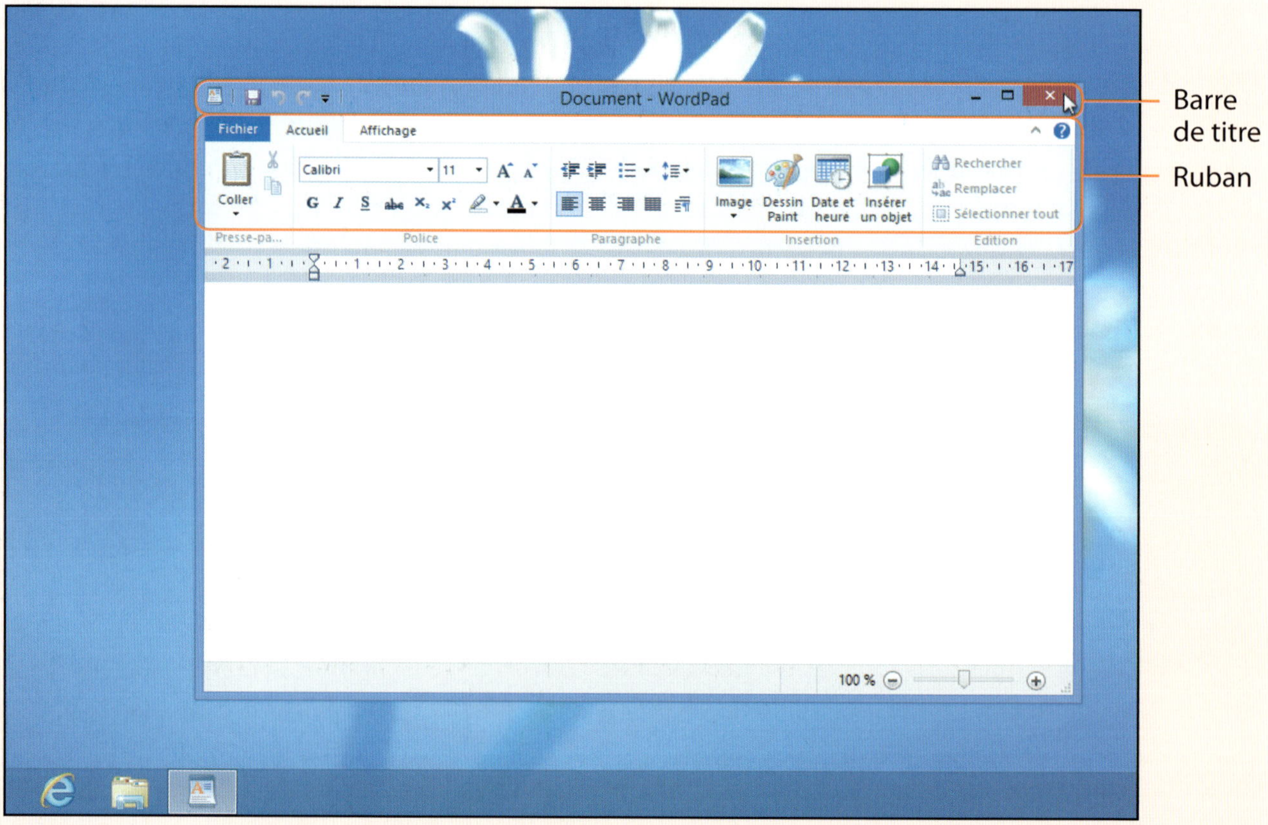

COUP DE POUCE !

Démarrez sur les chapeaux de roue grâce à une méthode passe-partout

Jamais deux sans trois : en plus des deux techniques de démarrage que nous venons de voir, une troisième particulièrement maline vous permet d'ouvrir une application ou un programme directement depuis l'écran d'accueil. Vous devez juste connaître le nom exact de cette application ou de ce programme.

Quand tel est le cas, sans vous laisser décontenancer par l'absence de zone de saisie dans l'écran d'accueil, commencez à taper le nom de l'application ou du programme convoité(e). Le volet **Rechercher** apparaît instantanément à droite, et une liste des applications et programmes dont le nom débute par les lettres saisies s'affiche au centre de la fenêtre : cliquez sur celle ou celui que vous voulez ouvrir, et c'est gagné !

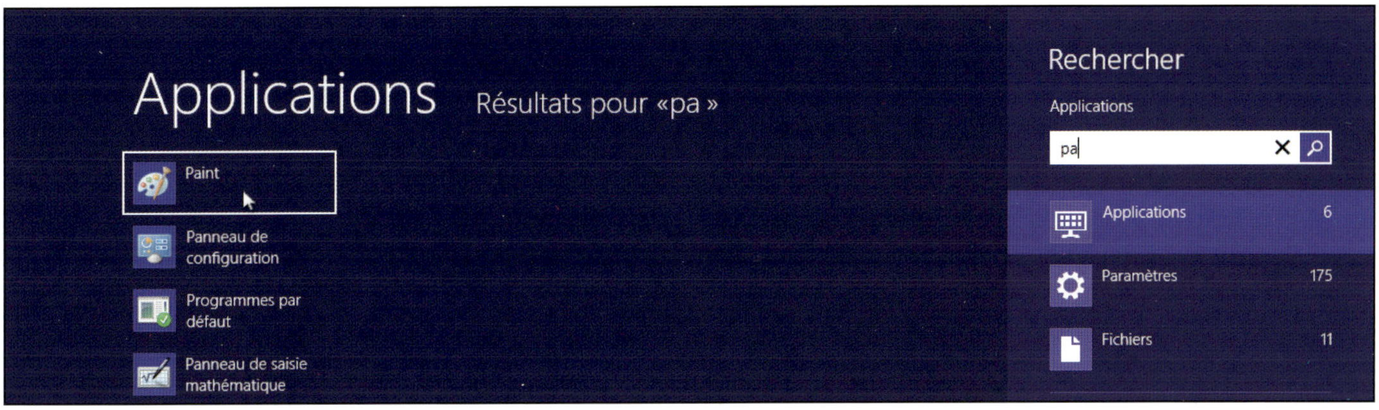

Évoluez librement entre les applications et les programmes

Pour vous offrir un maximum de souplesse dans vos activités, Windows vous permet de garder plusieurs applications et programmes ouverts simultanément. Par exemple, cela vous évite de devoir sans cesse démarrer et fermer l'application Courrier pour consulter vos messages pendant que vous tapez un document dans le programme Word.

Dans certaines conditions, vous pouvez même afficher deux applications côte à côte. Mais ce n'est rien comparé aux nombreuses possibilités offertes par l'environnement classique en matière de manipulation de fenêtre !

TOUT PREMIERS PAS

Basculez entre des applications ou des programmes ouverts

1 La première manière de passer d'une application ou d'un programme à l'autre va vous permettre de réviser une fois de plus l'action de base de la souris : le pointage. Sans enfoncer aucun bouton, donc, attrapez le « mulot » et faites-le d'abord glisser vers le haut et la gauche pour amener le pointeur dans le coin supérieur gauche de l'écran ; quand une miniature apparaît, descendez la souris pour déplacer le pointeur vers le bas.

2 Cette fois, c'est une colonne de miniatures qui s'affiche. Leur nombre dépend à la fois des applications et des programmes ouverts, et de l'environnement où vous vous trouvez.

- Si la miniature de l'application ou du programme à afficher est visible, cliquez dessus. (Dernier rappel, mais c'est bien parce que c'est vous (!) : pour réussir ce clic, vous devez amener le pointeur sur la miniature requise, puis enfoncer brièvement le bouton gauche de la souris.)
- Sinon, cliquez sur celle de l'environnement où vous devez basculer, puis répétez l'étape 1 et cliquez sur la miniature requise, ou procédez comme l'explique le « Coup de pouce » qui suit.

3 L'application ou le programme demandé s'affiche au premier plan, occultant partiellement ou totalement celle ou celui qui avait la vedette. Objectif atteint ! Mais je tiens absolument à vous présenter une seconde technique, car elle permet de visualiser simultanément l'ensemble des applications et programmes ouverts, et même l'écran d'accueil et le bureau si vous avez démarré à la fois des applications et des programmes !

Seulement, vous devez faire une petite infidélité à la souris… En effet, enfoncez la touche **`Alt`** au bas du clavier et, sans la relâcher, appuyez sur la touche **`Tab`** (marquée de deux flèches), à gauche.

4 Un bandeau avec l'icône de chaque application et programme ouverts apparaît. Sans relâcher la touche **`Alt`**, appuyez sur **`Tab`** autant de fois que nécessaires pour que l'icône de l'application ou du programme convoité apparaisse encadrée. Relâchez alors les deux touches, et vous vous retrouverez devant celle ou celui que vous attendiez !

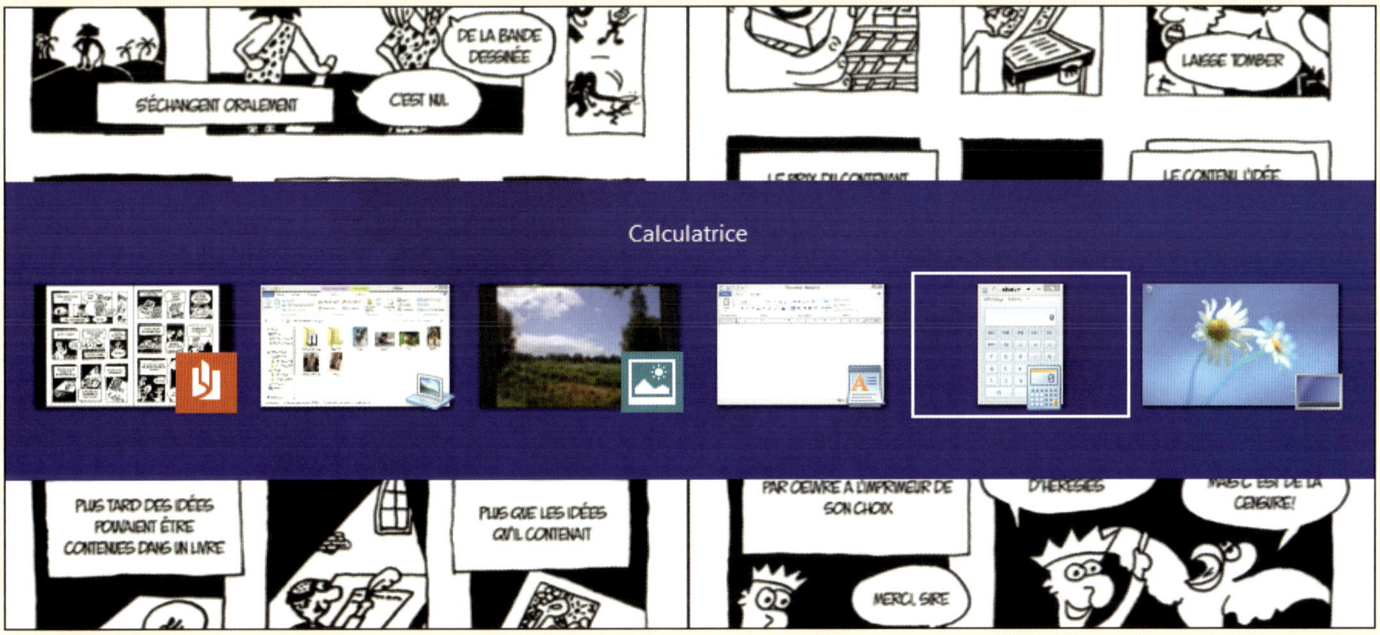

COUP DE POUCE !

Un boulevard entre les programmes !

Quand vous voulez juste passer d'un programme classique à l'autre, agissez directement depuis la barre des tâches du bureau. En effet, elle affiche une icône pour chaque programme ouvert : vous n'avez donc qu'à cliquer sur celui à atteindre !

Mais si vous avez le moindre doute, vous pouvez commencer par pointer l'icône, puis la miniature du programme qui s'affiche aussitôt : vous obtiendrez alors un aperçu grandeur réelle de la fenêtre qui vous permettra de savoir si vous vous apprêtiez à cliquer sur la bonne icône. Génial !

Et ce n'est pas tout... Si vous avez ouvert plusieurs éléments dans un même programme (trois pages Web dans Internet Explorer ou deux documents dans WordPad, par exemple), vous pouvez accéder directement à l'élément convoité en pointant l'icône du programme et en cliquant sur la miniature de l'élément en question.

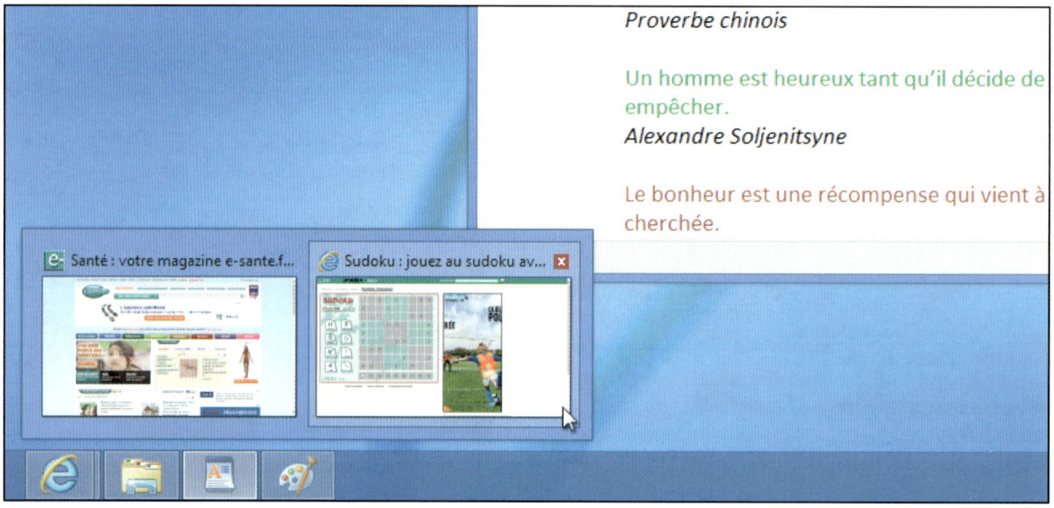

TOUT PREMIERS PAS

Affichez deux applications modernes simultanément

1 Parfois, vous aurez tellement besoin d'utiliser deux applications en même temps (par exemple pour consulter la météo du monde à brève échéance pendant que vous recherchez un voyage avec départ immédiat sur l'Internet) que le plus opportun ne sera pas de basculer de l'une à l'autre, mais bien plutôt de les garder toutes les deux affichées en parallèle. Aucun problème !

Enfin… à condition de posséder un écran assez grand ou une tablette PC et de ne pas faire le difficile : car les applications se placent obligatoirement côté à côte et occupent absolument toute la surface disponible ! Si vous êtes partant, affichez l'une des deux applications, pointez son angle supérieur gauche et, quand une miniature apparaît, faites glisser le pointeur vers le bas pour afficher les miniatures de toutes les applications ouvertes.

2 Glissez-déposez doucement la miniature de la seconde application à afficher vers la droite, jusqu'à ce qu'une petite version de cette fenêtre apparaisse sur un fond uni (si la première application ne se déplace pas, cela signifie que votre écran est trop petit et qu'il n'affichera jamais plus qu'une application à la fois : dommage…) ; quand à peu près la moitié de la fenêtre réduite est visible, relâchez le bouton de la souris.

3 Les deux applications se positionnent côte à côte, séparées par une grande barre verticale avec trois points en son centre : vous pouvez alors ajuster leur taille en faisant glisser cette barre latéralement. Et quand, plus tard, vous ne souhaiterez plus afficher qu'une seule application, vous n'aurez qu'à déplacer la barre complètement à gauche ou à droite.

TOUT PREMIERS PAS

Affichez plusieurs programmes simultanément sur le bureau

1 Le bureau se montre beaucoup plus serviable que l'écran d'accueil, puisqu'il vous permet non seulement d'afficher autant de fenêtres que vous le souhaitez, mais aussi d'ajuster leur position et leur taille à votre guise : le pied !

Ouvrez donc les programmes dont vous avez besoin. Mais avant de les manipuler, observez leurs fenêtres : une seule d'entre elles possède une barre de titre bleue, avec un dernier bouton × rouge ; dans toutes les autres, cette barre et ce bouton sont gris. Cela signifie que la fenêtre « colorée » est *active*, et les autres *inactives*.

Quel que soit le nombre de programmes ouverts, il n'y a toujours qu'une seule fenêtre active : elle correspond à celle dans laquelle vous pouvez agir sur-le-champ. Si vous voulez utiliser l'un des autres programmes, vous devez d'abord l'activer en cliquant dedans ou, si sa fenêtre est complètement masquée, sur son icône au début de la barre des tâches. Allez-y !

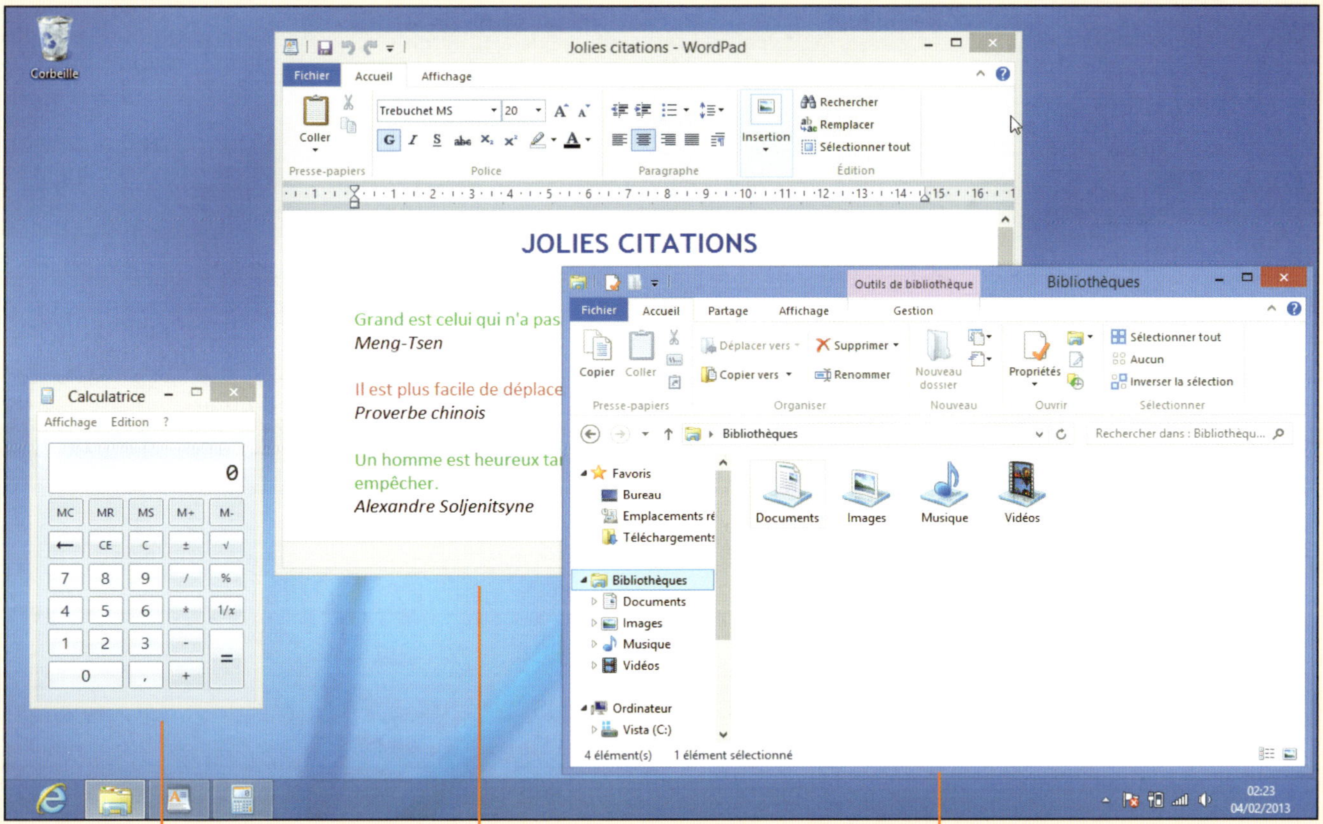

Fenêtres inactives

Fenêtre active

2 Ensuite, pour optimiser vos conditions de travail (ou de divertissement !), disposez les fenêtres à votre convenance. Pour en déplacer une, amenez le pointeur vers le milieu de sa barre de titre, puis glissez-déposez cette dernière à l'endroit souhaité : toute la fenêtre suivra !

À une condition, néanmoins : qu'elle ne soit pas *agrandie au maximum*. Car dans ce cas, elle occupe toute la surface de l'écran et ne peut pas bouger d'un millimètre. Avant de pouvoir la déplacer, donc, vous devez la rendre *flottante*. Rien de sorcier, puisqu'il suffit de cliquer sur l'avant-dernier bouton de sa barre de titre. Ce bouton se métamorphose aussitôt en , et la fenêtre devient plus petite, prête à voyager sur le bureau !

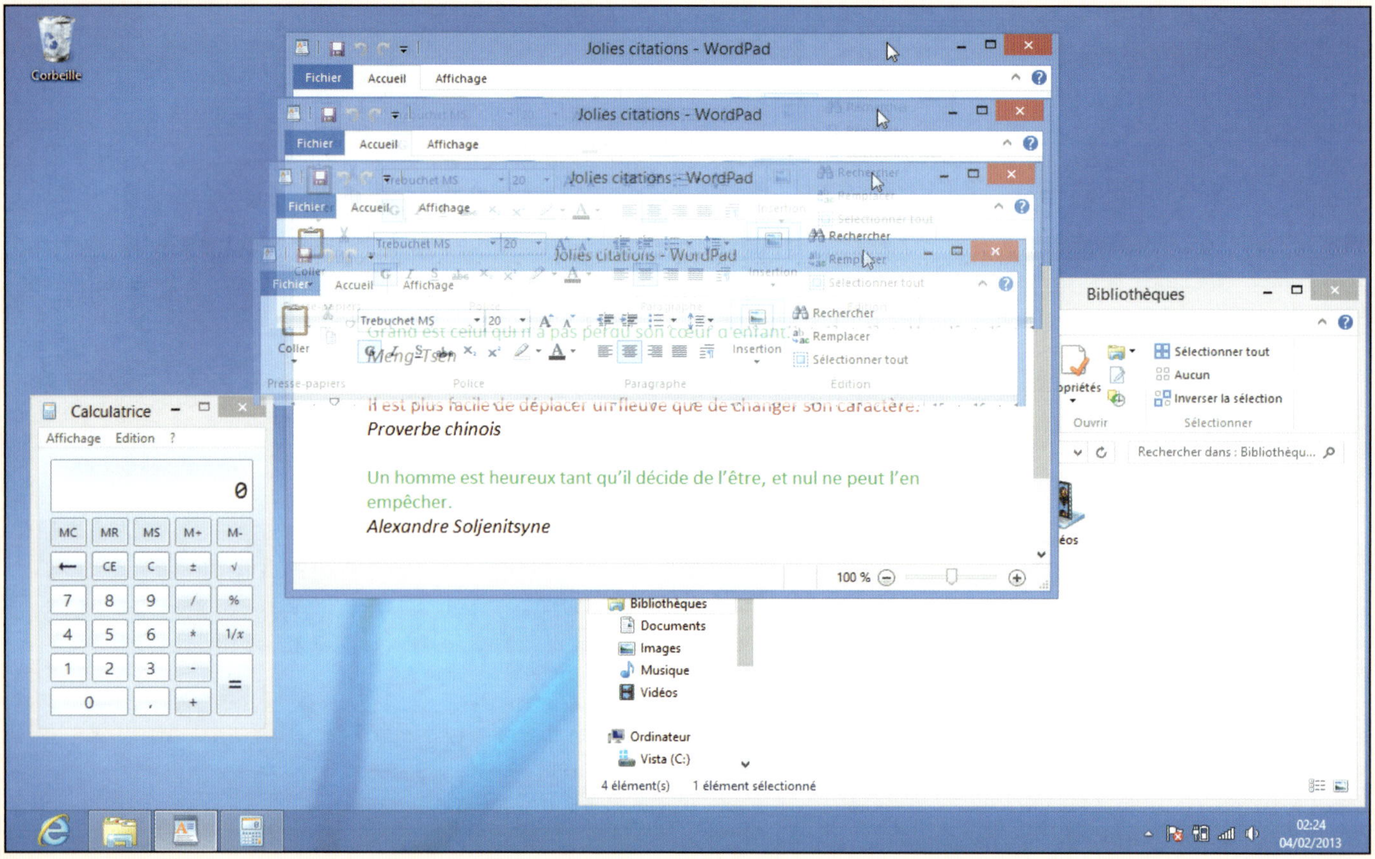

3 Mais souvent, vous aurez aussi besoin de changer la taille de certaines fenêtres, soit pour qu'elles occupent moins de place, soit pour y voir davantage de contenu à la fois. Là encore, cela n'est possible que si elles sont flottantes.

Pointez l'angle supérieur droit de la fenêtre à redimensionner et, quand le pointeur devient ⤢, glissez-déposez l'angle dans la direction requise, jusqu'à ce que la taille de la fenêtre vous convienne.

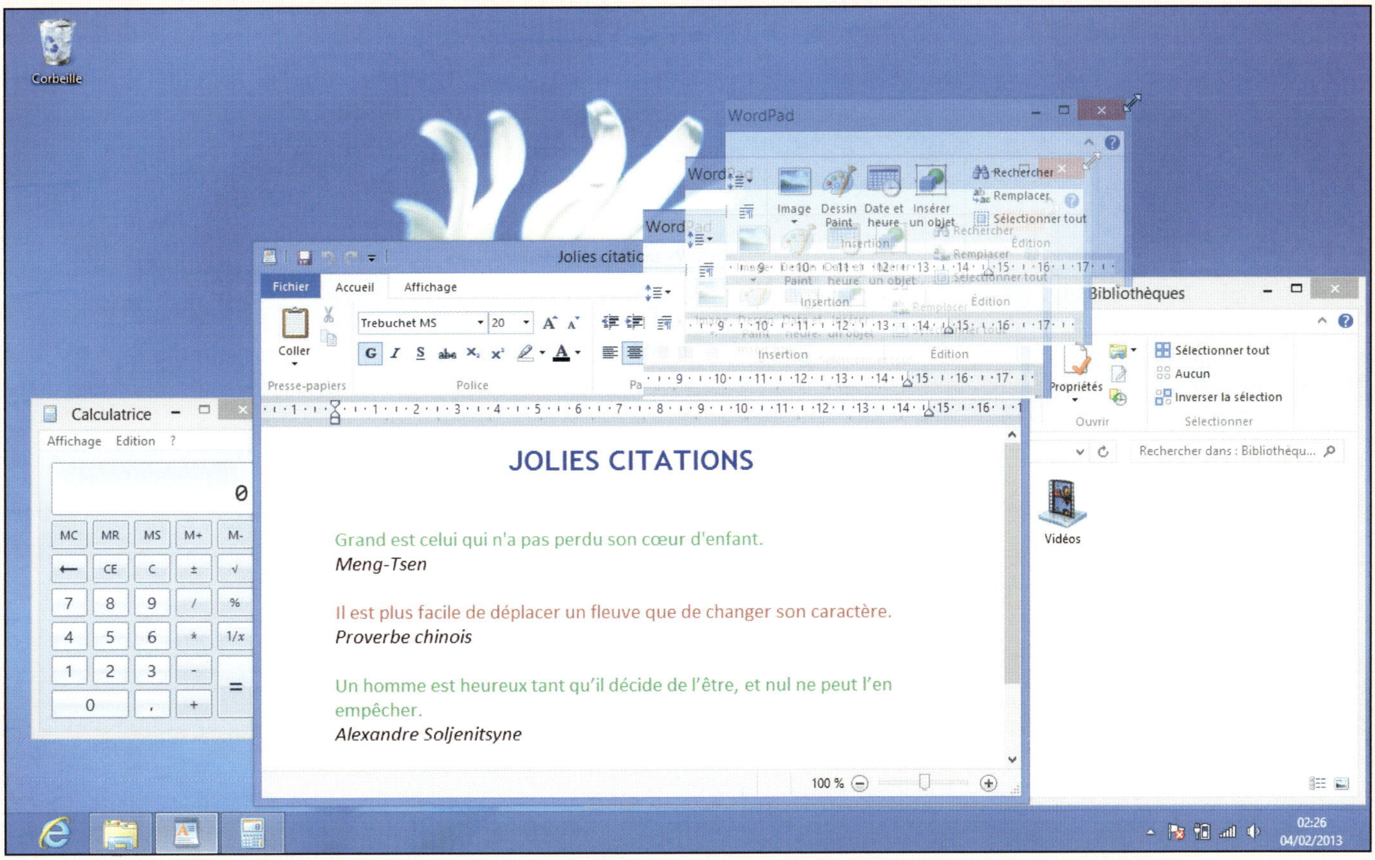

✓ TESTEZ-VOUS !

Avez-vous retenu les trois mots essentiels de ce chapitre ?

1 **Pointeur**

D'après vous, s'agit-il…

- **a** D'un gant très fin, spécialement conçu pour les écrans tactiles ?
- **b** D'un petit compteur que vous branchez sur votre ordinateur pour enregistrer vos temps d'utilisation ?
- **c** D'une petite icône qui matérialise l'emplacement de la souris à l'écran ?

2 **Fenêtre**

D'après vous, s'agit-il…

- **a** Du petit rectangle que vous déplacez à l'écran pour agrandir l'affichage de certaines zones ?
- **b** Du nom familier donné à l'écran des ordinateurs portables ?
- **c** Du panneau rectangulaire dans lequel s'affiche chaque application et programme ?

3 **Barre de défilement**

D'après vous, s'agit-il…

- **a** De la fine barre horizontale ou verticale qui permet d'accéder au contenu masqué d'une fenêtre ?
- **b** Du bandeau bleu, affiché en haut de l'écran et qui fait défiler les titres de l'actualité ?
- **c** Du bandeau qui propose une miniature de chaque application ouverte ?

Réponses : 1 : c, 2 : c, 3 : a

Chapitre 4

Ne restez pas sur la touche : enfoncez la bonne !

Maintenant que vous avez dompté la souris, vous devez absolument apprivoiser le clavier, car s'ils peuvent se passer l'un de l'autre, vous-même ne pouvez vous passer ni de l'un ni de l'autre. Alors, préparez-vous à une immersion totale dans le monde des touches !

Ainsi, à la fin de ce chapitre, vous saurez, entre autres :

- ➔ Taper et corriger n'importe quel texte
- ➔ Maîtriser les particularités du clavier d'un ordinateur portable
- ➔ Utiliser le clavier virtuel de Windows 8

Repérez-vous entre les touches

Il existe tellement de sortes d'ordinateurs qu'ils ne fonctionnent évidemment pas tous avec le même clavier. Heureusement, hormis le clavier virtuel de Windows 8 (traité en fin de chapitre), tous possèdent le même noyau de touches en commun. Pour vous donner le bagage le plus complet possible, je m'appuierai essentiellement sur un clavier d'ordinateur fixe. Mais celui des portables aura sa petite heure de gloire juste après !

D'une manière générale, les touches sont réparties en quatre groupes.

- **Le pavé central.** Ce bloc de touches est de loin le plus important, car il permet de produire tous les types de caractères qui composent un texte : lettres, chiffres, signes de ponctuation, espaces, *etc.* Il occupe donc toujours la plus grande partie du clavier, au beau milieu de celui-ci.

- **Le pavé directionnel.** Avec un tel nom et une si grande quantité de touches fléchées, ce bloc situé à droite du pavé central ne peut qu'être dédié au déplacement dans un texte et au défilement du contenu des fenêtres. Néanmoins, il inclut également deux touches de suppression : **Suppr** et **Inser**.
- **Le pavé numérique.** Lui aussi porte un nom évocateur, puisque ce bloc de touches relégué complètement à droite est spécialement conçu pour la saisie de chiffres et d'opérations mathématiques.

- **Les touches de fonction.** Pas de « bloc » de touches, ici : juste une ligne au-dessus du pavé central. Chacune de ces touches porte un nom composé d'un F majuscule suivi d'un nombre et exécute une action correspondant à l'une des commandes du programme en cours : elles changent donc de rôle selon l'endroit où vous vous trouvez. Une seule exception : la touche **F1** qui affiche toujours les rubriques d'aide du programme en cours, voire de Windows si vous vous trouvez sur le bureau.

Mais vous aurez remarqué que plusieurs touches échappent à cette classification. Leur nombre varie (par exemple, il existe des claviers avec des touches dédiées au volume), et certaines n'ont aucun intérêt. Donc pour l'instant, mémorisez simplement la plus importante d'entre elles : **Echap**. Toujours présente dans l'angle supérieur gauche du clavier, elle permet d'annuler une action en cours. Par exemple, si vous déroulez un menu où vous ne voulez finalement plus exécuter de commande, vous pouvez le fermer ni vu ni connu en appuyant sur **Echap**.

Le pavé numérique
pour taper des nombres

Le pavé directionnel
pour se déplacer
dans une fenêtre

Les touches de fonction
pour agir

Le pavé central
pour taper du texte

Maîtrisez le clavier traditionnel des ordinateurs de bureau, et vous saurez aussi vous débrouiller avec un clavier de portable, car tous réunissent les mêmes catégories de touches.

Des touches aux documents

Même si le clavier sert à taper du texte dans toutes sortes de situations (courriel, mot de passe, nom de photo, adresse de page Internet, *etc.*), il reste d'abord associé à la saisie de documents. Et puisque ce chapitre serait totalement indigeste si vous ne pouviez pas mettre simultanément en pratique les différentes techniques présentées, autant faire d'une pierre deux coups et découvrir dès maintenant comment créer un document !

Par chance, Windows 8 inclut à cette fin un programme simple, *WordPad*, que vous pouvez démarrer en cliquant du bouton droit dans l'écran d'accueil, puis du bouton gauche sur l'icône **Toutes les applications** à la fin de la barre des tâches et sur **WordPad**. Mais si vous possédez une tablette PC ou si vous vous êtes offert *Word*, programme plus évolué, vous pouvez vous servir de celui-ci ; cliquez alors sur sa vignette dans l'écran d'accueil.

Dans le premier cas, vous vous retrouvez directement face à un nouveau document ; mais dans le second, vous devez d'abord cliquer sur la vignette **Document vierge**. Peu importe ! Une fois devant lui, regardez dans l'angle supérieur gauche : un petit trait vertical noir clignote sans relâche. Appelé *point d'insertion*, il montre où apparaîtra le prochain caractère tapé ou, à l'inverse, quel caractère sera effacé. Il se décale donc respectivement vers la droite ou la gauche à chaque fois que vous ajoutez ou supprimez du texte. Pour éviter les mauvaises surprises, n'appuyez jamais sur aucune touche avant d'avoir localisé cet indicateur.

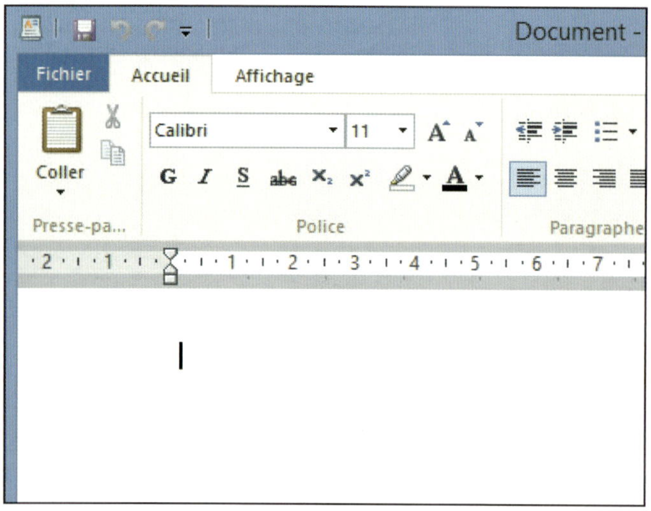

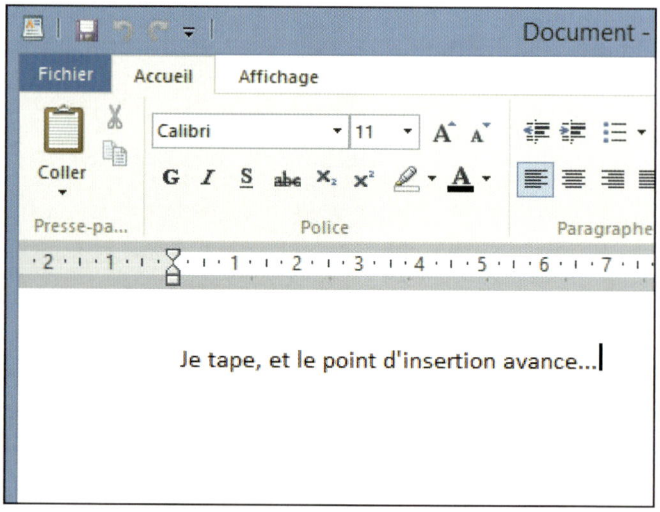

Le point d'insertion est au clavier ce que le pointeur est à la souris : impossible de taquiner la moindre touche sans avoir d'abord repéré leur partenaire à l'écran !

Des petites minuscules aux grandes majuscules

Tous les claviers comportent bien 26 touches marquées des lettres de notre alphabet. Mais si l'on tient compte des déclinaisons minuscules/majuscules de ces lettres, avec ou sans accent, de surcroît, c'est au moins deux fois plus de touches qu'il aurait fallu ! Pour garder des claviers de taille acceptable, les fabricants ont donc rusé. Cela explique que vous deviez utiliser plusieurs techniques pour produire toutes les versions de lettres dont vous avez besoin à partir des touches disponibles.

Les minuscules non accentuées

Même si vous n'en voyez aucune sur le clavier, les minuscules non accentuées sont les plus faciles à produire, car vous n'avez qu'à enfoncer brièvement la touche de la lettre souhaitée parmi les 26 marquées d'une majuscule dans le pavé central. Pas très logique, mais infaillible ! Par exemple, appuyer sur la touche **A** produit un *a*.

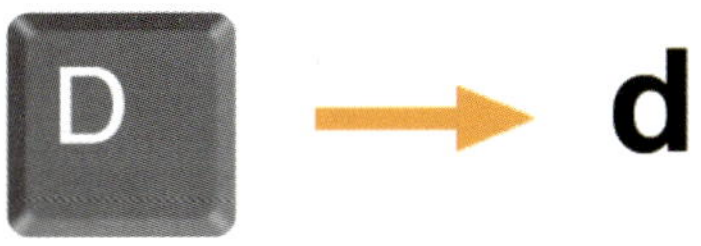

Les minuscules accentuées

Certaines se font plus désirer que d'autres…

- Pour taper **é**, **è**, **à** ou **ù**, vous n'avez qu'à enfoncer brièvement la touche correspondante dans le pavé central, sans vous soucier du tout des autres caractères sur la touche. Par exemple, pour produire *é*, appuyez juste sur la touche **2**, située vers le début de la première ligne du pavé central et aussi marquée d'un tilde ~.

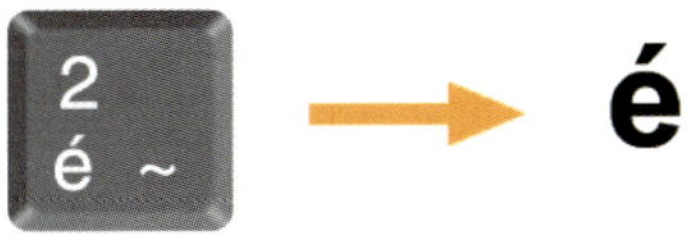

- Pour taper **â**, **ê**, **î**, **ô** et **û**, en revanche, vous devez agir en deux temps. D'abord, enfoncez brièvement la touche ^ dans la partie supérieure droite du pavé central ; ensuite, sans vous laisser déconcerter par l'absence apparente de résultat, appuyez sur la touche de la lettre à accentuer. Et hop, votre minuscule apparaît surmontée d'un accent circonflexe ! En fait, celui-ci attendait juste une lettre où se poser.

Les majuscules

Même si le clavier permet aussi de taper des majuscules accentuées, nous en resterons ici à leur version sans accent : sinon, il faudrait ajouter bien des pages à ce livre pour traiter toutes les techniques de saisie avancées ! Sachez simplement que la technique vue à l'instant permet aussi de produire *Â*, *Ê*, *Î*, *Ô* ou *Û* : il suffit de taper une majuscule à la place d'une minuscule après avoir enfoncé la touche ^.

Mais cela ne vous dit toujours pas comment obtenir une majuscule ! En fait, tout repose sur la touche **Maj**, marquée d'une petite flèche orientée vers le haut et déclinée en deux exemplaires qui jouent exactement le même rôle (un au début de l'avant-dernière ligne du pavé central, et un à la fin). Enfoncez-la et, sans la relâcher, appuyez sur la touche de la lettre convoitée parmi les 26 marquées des lettres de l'alphabet, puis relâchez les deux touches. Par exemple, pour taper *N*, enfoncez la touche **Maj** et, sans relever votre doigt, appuyez sur la touche **N**, puis relâchez tout.

COUP DE POUCE !

Des majuscules et rien d'autre !

Une majuscule, ça va ; que des majuscules, bonjour les dégâts ! Pourtant, c'est bien ce qu'il arrive quand vous appuyez sur la touche **`Verr Maj`** (souvent marquée d'un petit cadenas) au début de la troisième ligne du pavé central, car elle active le *mode Majuscules*. Dès lors, le clavier se comporte comme si la touche **`Maj`** était enfoncée en permanence : par exemple, appuyer sur **A** ou **`M`** ne produit plus *a* ou *m*, mais *A* ou *M*.

Pour vous alerter de cet état, le témoin lumineux **Caps Lock** (parfois représenté par une icône du type [A]) s'allume dans la partie supérieure droite du clavier. Pour désactiver le mode Majuscules, éteindre le témoin et donc retrouver un mode de saisie normal, appuyez de nouveau sur la touche **`Verr Maj`** ou, si cela ne change rien (tout dépend des claviers), sur la touche **`Maj`**. Ouf !

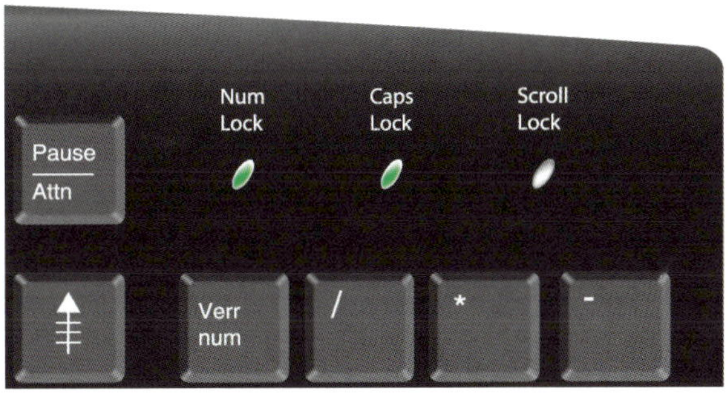

TOUT PREMIERS PAS

Tapez un texte simple

1 Après tant de théorie, il devient urgent de vous faire pianoter sur le clavier si je ne veux pas vous dégoûter de cet allié inestimable ! Surtout que le point d'insertion patiente toujours au début de votre document vide… Alors, que diriez-vous de taper *Adèle a prêté* ?

Début en fanfare avec une majuscule, mais pas question de se laisser impressionner ! Car vous savez parfaitement comment l'obtenir, n'est-ce pas ? Enfoncez l'une des deux touches **Maj** et ne relevez surtout pas votre doigt.

2 Sans relâcher la touche **Maj**, appuyez sur la touche **A**, puis relevez vos deux doigts. Un magnifique *A* prend place au début du document, et le point d'insertion se décale d'un « cran » vers la droite, comme pour vous inviter à poursuivre ; alors, allez-y !

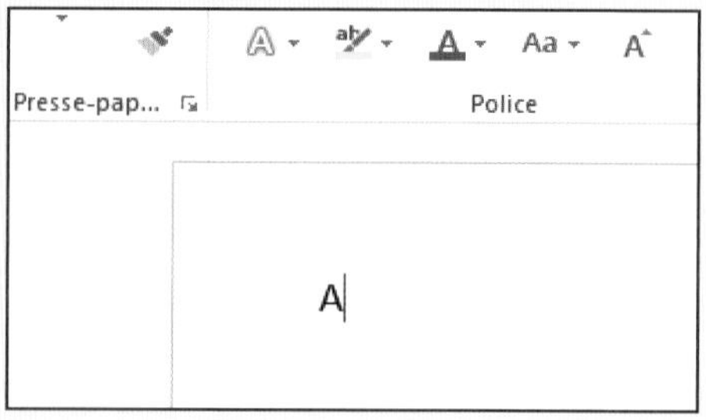

3 D'autant que la lettre suivante, *d*, est on ne peut plus simple à produire : appuyez juste sur la touche **D** !

4 Les choses se compliqueraient-elles avec la saisie de votre première minuscule accentuée è ? À peine, puisqu'elle figure dans l'angle inférieur gauche de la touche **7**. Enfoncez donc brièvement cette dernière, et le tour est joué !

5 Terminez ce joli prénom féminin en appuyant successivement sur les touches **L** et **E**.

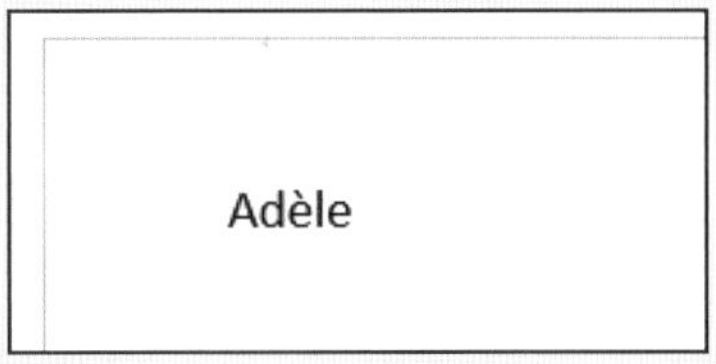

6 Très bon début ! Mais avant de passer au mot suivant, vous devez ajouter un espace. Appuyez juste sur la plus grande touche du clavier, la bien nommée **barre d'espace**, au bas du pavé central, et le point d'insertion se décalera docilement d'un cran vers la droite, laissant un petit vide salvateur derrière lui !

7 Poursuivez tranquillement en appuyant successivement sur la touche **A**, de nouveau la **barre d'espace**, puis les touches **P** et **R**.

8 Vous voici arrivé devant la lettre la plus délicate de ce petit bout de phrase : ê. Vous rappelez-vous la marche à suivre ? Allez, je vous aide : cette minuscule s'obtient en deux temps… D'abord, vous devez produire l'accent circonflexe : alors, appuyez sur la touche ^.

9 Blanc à l'antenne, mais vous savez que c'est normal : enfoncez donc bien vite la touche **E** pour que le petit chapeau ait une lettre à coiffer ! Et cette fois, effectivement, ê apparaît dans le document. Super !

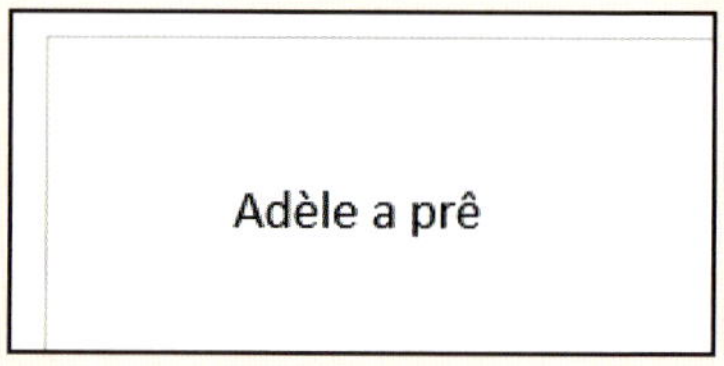

10 Restent deux lettres à taper et un espace en vue du texte qui va suivre (car nous n'allons pas laisser cette phrase inachevée !). Alors, enfoncez successivement les touches **`T`** et **`2`**, puis la **`barre d'espace`**. Objectif atteint (pour l'instant…) !

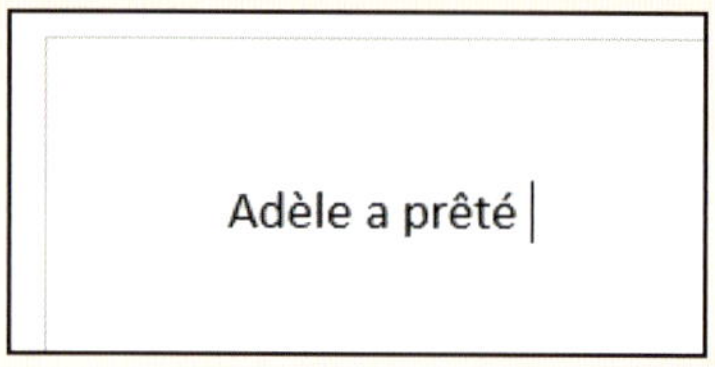

Des chiffres pour un compte rond

Quittons les lettres et le pavé central quelques instants pour nous intéresser au pavé numérique, complètement à droite : l'outil idéal pour produire des chiffres, puisque vous n'avez qu'à enfoncer la touche de celui à saisir ! Enfin… à condition que ce pavé soit *verrouillé* ; sans quoi, vous déclenchez l'action désignée par le second caractère sur la touche (souvent un déplacement du point d'insertion).

Pour connaître l'état du pavé numérique, regardez le témoin **Num Lock** (souvent représenté par une icône du type [9]) dans la partie supérieure droite du clavier : s'il est allumé, le pavé numérique est verrouillé. Sinon, appuyez sur la touche **`Verr num`**, dans l'angle supérieur gauche du pavé, et vous pourrez taper des chiffres en toute convivialité !

Rien ne vaut le pavé numérique pour taper des chiffres… à condition qu'il soit verrouillé.

Complétez votre palette de caractères

Aussi essentiels soient-ils dans un texte, les lettres et les chiffres ne suffisent pas : imaginez une phrase sans point final ou un prix sans le symbole € ! Heureusement, quel que soit le caractère à produire, du moment qu'il figure sur une touche, les trois grandes règles ci-après vous suffiront pour atteindre votre objectif. Peu importe qu'il s'agisse d'une petite virgule ou d'une grosse parenthèse, et que la touche comporte deux ou trois caractères !

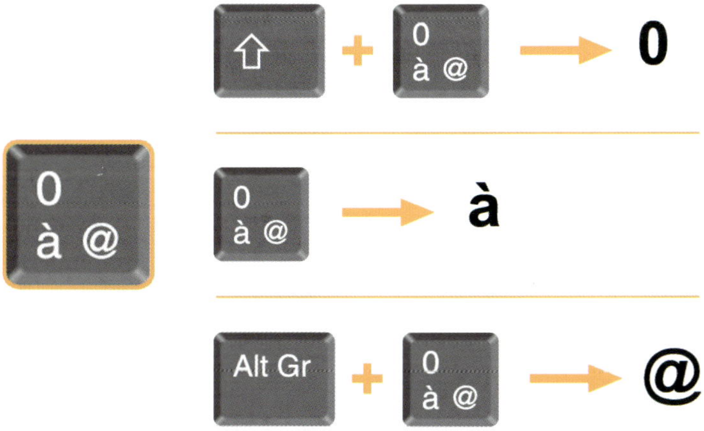

Les fabricants de claviers ont vraiment bien fait les choses, puisqu'il vous suffit de connaître trois principes de saisie pour taper n'importe quels lettre, chiffre ou symbole visibles sur le clavier.

- Pour produire le **caractère affiché dans l'angle inférieur gauche d'une touche**, appuyez juste sur celle-ci. Par exemple, pour taper le signe deux-points, enfoncez brièvement la touche / dans la partie inférieure du clavier.

- Pour produire le **caractère affiché dans l'angle supérieur gauche d'une touche**, procédez exactement comme pour une majuscule : en maintenant la touche **`Maj`** enfoncée, appuyez brièvement sur la touche du caractère à taper. Par exemple, pour obtenir un point d'interrogation, enfoncez la touche **`Maj`** et, sans la relâcher, appuyez sur la touche **?** dans la partie inférieure du clavier, puis relâchez les deux touches.

- Pour obtenir le **caractère affiché dans l'angle inférieur droit d'une touche**, enfoncez la touche **`Alt Gr`** (située juste à droite de la longue **`barre d'espace`**) et, sans la relâcher, appuyez sur la touche de votre caractère, puis relâchez les deux touches. Par exemple, pour taper le fameux @ des adresses électroniques, appuyez brièvement sur la touche **`0`** tout en maintenant la touche **`Alt Gr`** enfoncée, puis relâchez les deux touches.

  La même technique permet de produire le symbole de l'euro €, bien calé dans l'angle inférieur droit de la touche **`E`**. Mais certains claviers intègrent une touche **€** indépendante, qu'il vous suffit alors d'enfoncer brièvement. Pratique !

Bien qu'elles ne comportent pas plusieurs caractères sur leur surface, deux autres touches méritent d'être citées ici.

- La longue **barre d'espace**, au bas du pavé central, que vous connaissez déjà et qui permet de produire un espace unique entre deux mots ou avant un point d'interrogation, par exemple. Ne l'utilisez surtout pas pour ajouter plusieurs espaces à la suite en vue de changer de ligne. Pour cela, il existe la seconde touche dont je voulais vous parler…

- La grosse touche **Entrée**, dans la partie droite du pavé central, qui sert à commencer un nouveau paragraphe. Mais pas question de l'utiliser à tout va ! Quel que soit le programme en cours, c'est lui qui se charge de poursuivre le texte à la ligne suivante quand il atteint la marge droite du document, courriel ou autre. Vous ne devez donc enfoncer la touche **Entrée** que pour débuter arbitrairement une nouvelle ligne.

COUP DE POUCE !

Guillemets et trait d'union : pas de méprise !

Observez attentivement la première ligne du pavé central : on dirait que le clavier a prévu une seule touche pour les guillemets, mais deux pour le trait d'union : erreur de fabrication ? Pas du tout !

- Pour produire des **guillemets**, il suffit d'appuyer sur la touche **3** avant et après le texte à « encadrer ». C'est le programme en cours qui détermine la version requise (ouvrante ou fermante) et le type de guillemets utilisés (droits ", anglais " " ou français « ») ; par exemple, l'application Courrier produit des guillemets droits, mais le programme Word insère des guillemets français.
- Pour produire un **trait d'union**, vous devez appuyer sur la touche **6**, et uniquement elle. Car contrairement aux apparences, la touche **8** ne produit pas un trait d'union, mais un caractère de soulignement _. Rien à voir !

TOUT PREMIERS PAS

Tapez des chiffres et des caractères spéciaux

1 Pour réviser les techniques de saisie abordées au cours des dernières pages, je vous propose de terminer la phrase commencée tout à l'heure. Car nous ne savons toujours pas ce qu'*Adèle a prêté* ! Et le point d'insertion vous attend toujours bien sagement après l'espace ajouté à dessein à la fin du texte. Alors, tapons *49 €.* (avec un point final).

Pour ce faire, direction le pavé numérique. Vérifiez d'abord qu'il est bien verrouillé en jetant un œil à son témoin **Num Lock** (sinon, appuyez brièvement sur la touche **`Verr num`** dans l'angle supérieur gauche). Ensuite, enfoncez successivement les touches **4** et **9** : facile !

2 La somme de *49* trône maintenant fièrement dans votre document. Enfin, je dis « somme », mais pour l'instant, rien ne le prouve : ajoutons donc bien vite le symbole de l'euro. Juste après avoir appuyé sur la **`barre d'espace`**, quand même, car il faut toujours un espace entre un nombre et une unité, qu'il s'agisse de kilomètres, de secondes, de watts ou autres.

3 Retour à notre €. Comme il figure dans l'angle inférieur droit de la touche **`E`**, il s'obtient avec l'aide d'une autre touche. Vous rappelez-vous laquelle ? Un indice : c'est une voisine de la **`barre d'espace`**... **`Alt Gr`**, effectivement ! Alors appuyez dessus et ne la relâchez pas.

4 En gardant toujours la touche **`Alt Gr`** enfoncée, appuyez sur la touche **`E`**, puis relevez vos deux doigts : cette fois, vous avez une vraie somme à l'écran !

5 Plus que le point final à taper, et vous serez quitte ! D'autant qu'ici, vous n'avez pas d'espace à ajouter avant. En effet, comme la virgule, le point suit immédiatement le texte qui précède, mais réclame un espace après lui. En revanche, avec le point d'interrogation, le point d'exclamation, le point-virgule et le signe deux-points, il faut un espace avant et après.

Puisque le point figure dans l'angle supérieur gauche de la touche **;** au bas du pavé central, il s'obtient comme un caractère majuscule. Une technique que vous connaissez sur le bout des doigts, maintenant ! Appuyez donc sur la touche **`Maj`** et, en la gardant enfoncée, appuyez sur la touche **;**, puis relâchez tout. Le point prend place : affaire rondement menée !

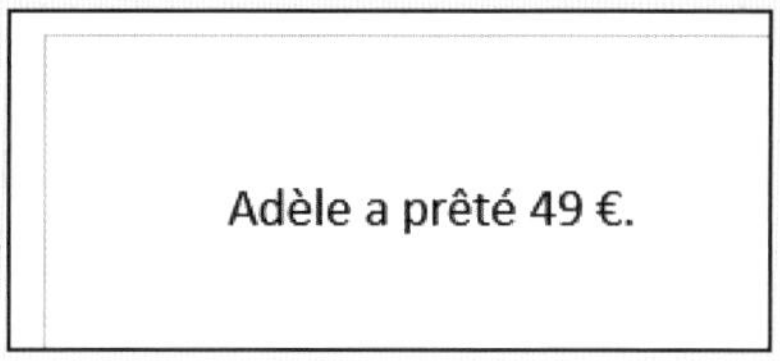

Chapitre 4

L'erreur est humaine… et se corrige aisément

Par rapport aux antiques machines à écrire, l'ordinateur a l'immense avantage de vous permettre de modifier, supprimer ou compléter un texte tapé sans laisser la moindre trace. Par exemple, vous pouvez à tout moment rajouter un mot oublié au beau milieu d'une phrase : il suffit de cliquer là où il devra figurer et de le taper ; le texte existant se décale alors autant que nécessaire vers la droite pour laisser la place requise.

Et à l'inverse, vous pouvez effacer n'importe quelle lettre en trop, même au sein d'un mot. Au final, le texte restant se déplace toujours vers la gauche pour combler le vide apparu. Mais au départ, vous pouvez utiliser l'une ou l'autre des deux touches suivantes.

- **Retour arrière**. Située à la fin de la première ligne du pavé central, assez allongée et souvent marquée d'une grande flèche orientée vers la gauche, elle efface le caractère qui *précède* le point d'insertion. Avec elle, il faut donc cliquer juste après le texte à effacer et appuyer sur la touche autant de fois que nécessaires. Par exemple, pour passer du mot *bateau* à l'adjectif *beau*, vous devez cliquer après le *t* et enfoncer deux fois la touche **Retour arrière**.

- **Suppr**. Située à la droite de sa consœur, mais dans le pavé directionnel, elle fonctionne de manière exactement inverse, puisqu'elle efface le caractère qui *suit* le point d'insertion. Du coup, pour passer de *bateau* à *beau*, vous devez cette fois cliquer après le *b* et appuyer deux fois sur la touche **Suppr**.

Avec les touches **Suppr** et **Retour arrière**, vous pouvez effacer du texte caractère par caractère ou par paragraphes entiers ; la suppression restera de toute façon indécelable.

Cela étant, si vous devez supprimer plusieurs mots ou des phrases entières, vous n'allez pas enfoncer la même touche à 15 ou 40 reprises ! Commencez par sélectionner le texte à effacer, puis appuyez indifféremment une seule fois sur la touche **`Retour arrière`** ou **`Suppr`**.

Pour effectuer cette sélection, cliquez juste avant le premier caractère à sélectionner et, en gardant le bouton gauche de la souris enfoncé, faites glisser cette dernière jusqu'à ce que tout le texte souhaité apparaisse comme surligné ; relâchez alors le bouton.

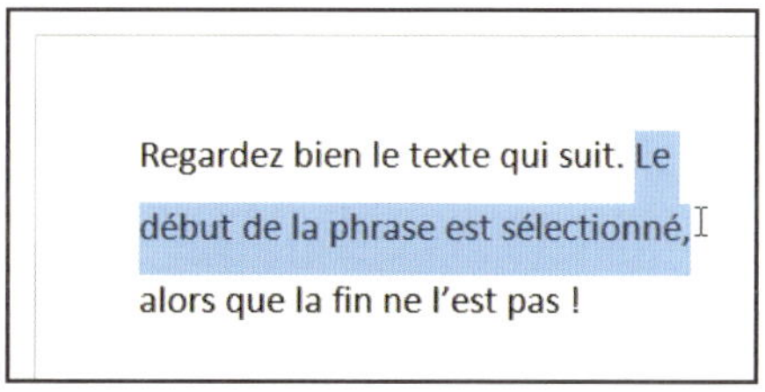

COUP DE POUCE !

Esprit es-tu là ?

Imaginez : vous terminez tranquillement la saisie d'un mot et en relevant les yeux vers l'écran, vous constatez brusquement que le texte d'avant a disparu. Horreur !

En fait, à un moment ou un autre, vous avez appuyé par mégarde sur la touche **`Inser`**, dans l'angle supérieur gauche du pavé directionnel ; du coup, chaque nouveau caractère tapé remplace celui qui suivait le point d'insertion au lieu de le pousser vers la droite.

Heureusement, pour quitter ce mode de saisie appelé *Refrappe* et retrouver le fonctionnement habituel du clavier, vous n'avez qu'à enfoncer de nouveau la touche **`Inser`**. Ouf !

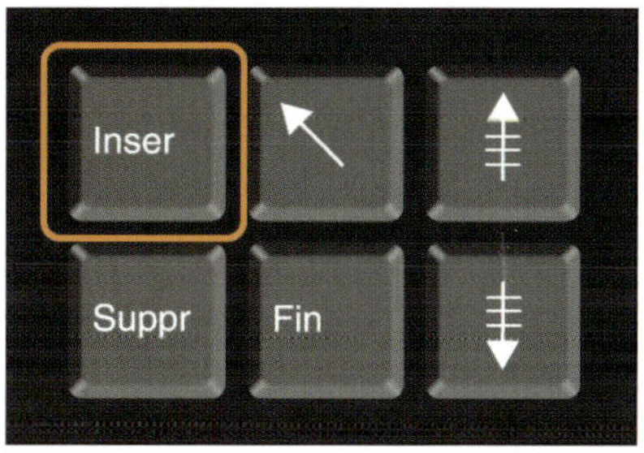

TOUT PREMIERS PAS

Modifiez un texte

1 En vous invitant à appliquer quelques techniques vues à l'instant, je cherche surtout ici à vous convaincre que vous pouvez taper l'esprit tranquille : en informatique, toutes les fautes de frappe, d'orthographe et même d'étourderie (!) se corrigent incognito. Et les oublis se comblent tout aussi discrètement. Vérifions cela en changeant *Adèle a prêté 49 €.* en *Adèle m'a prêté 9 €.*

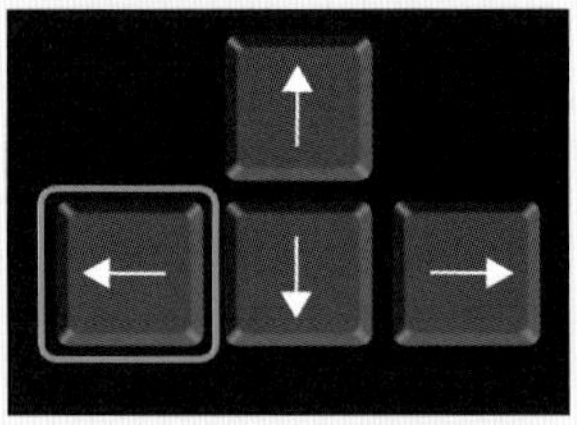

Puisque le point d'insertion se trouve actuellement juste après le point final, amenez-le entre le *4* et le *9* en appuyant quatre fois de suite sur la touche **Flèche Gauche** au bas du pavé directionnel.

2 Le point d'insertion clignote désormais juste avant le *9*. Pour effacer le *4* qui le précède, pas d'hésitation : appuyez sur la touche **Retour arrière**. Le *4* disparaît sans laisser la moindre trace, car tous les caractères qui le suivaient se décalent vers la gauche pour combler le vide. Parfait !

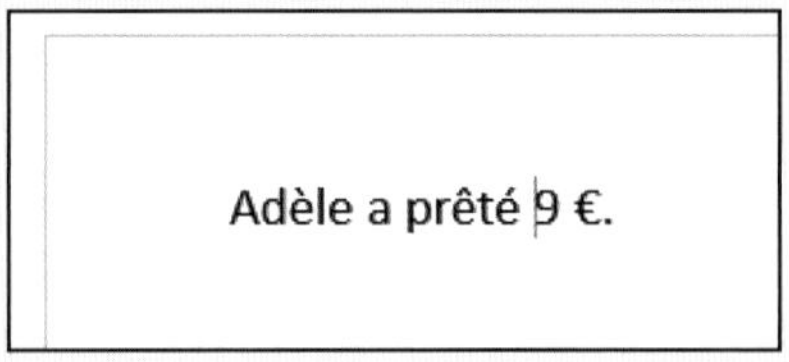

3 Voyons maintenant l'action inverse : l'ajout de texte. Pour cela, vous devez placer le point d'insertion entre le *a* et l'espace qui le précède. Plutôt que d'appuyer plein de fois sur la touche **Flèche Gauche**, autorisons-nous une petite infidélité au clavier : en faisant glisser la souris, amenez le pointeur I juste avant le *a* et cliquez.

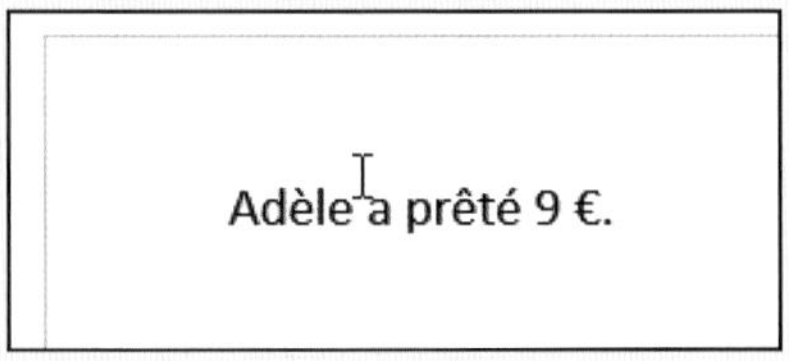

4 Le point d'insertion clignote désormais entre le *a* et l'espace avant lui. Il ne vous reste plus qu'à ajouter la lettre *m* et une apostrophe ! Puisque cette dernière figure dans l'angle inférieur gauche d'une touche, les deux caractères s'obtiennent exactement de la même manière. Appuyez donc successivement sur les touches **M** et **4** dans le pavé central.

Cette fois, le texte existant se décale vers la droite pour laisser place à vos caractères, et votre document contient bien, désormais, la phrase *Adèle m'a prêté 9 €*. Vous êtes quitte !

Gardez vos documents à portée de clic

La petite phrase tapée au cours de ce chapitre n'est évidemment pas le type de texte qui mérite d'être conservé durablement en vue d'une relecture ou réutilisation ultérieure. Mais ce sera l'inverse pour la plupart des autres documents que vous créerez. Alors, autant vous exercer dès maintenant à *enregistrer* un document, c'est-à-dire à le stocker durablement sur votre ordinateur ; ainsi, vous pourrez le retrouver dès le lendemain ou plusieurs semaines après !

TOUT PREMIERS PAS

Enregistrez un document

1 Par chance, que vous utilisiez le programme WordPad ou Word, l'accès à la commande d'enregistrement s'effectue d'un simple clic sur l'icône **Enregistrer** (respectivement ou) au début de la barre de titre : allez-y !

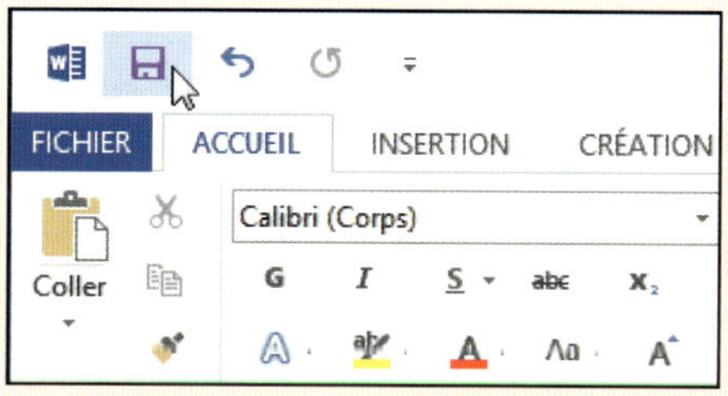

2 Avec WordPad, vous vous retrouvez directement devant la *boîte de dialogue* **Enregistrer sous**. Mais Word vous impose deux étapes de plus pour y parvenir en vous obligeant à cliquer sur **Ordinateur**, puis sur **Parcourir** : soyez bon prince et exécutez-vous !

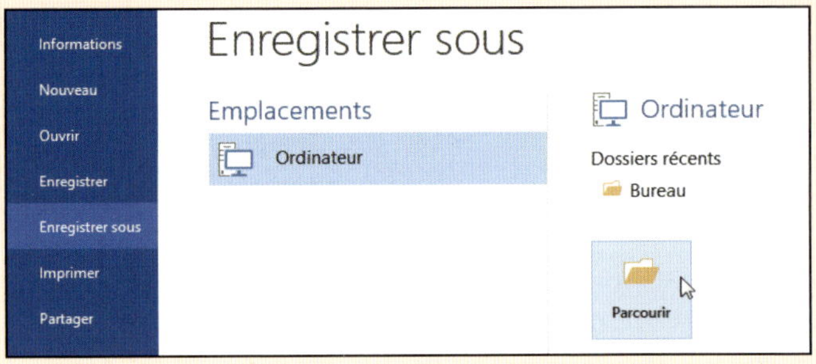

Les programmes affichent automatiquement une boîte de dialogue quand ils ont besoin d'informations complémentaires de votre part pour exécuter correctement la commande que vous leur demandez. Ici, WordPad ou Word ouvre la boîte **Enregistrer sous** pour que vous lui indiquiez où et sous quel nom enregistrer le document.

3 Dans la boîte de dialogue **Enregistrer sous**, allez au plus simple en choisissant la bibliothèque **Documents** comme lieu de stockage. En effet, comme vous le verrez au chapitre 7, Windows l'a prévue exprès pour vos documents personnels. Au point qu'elle est même sans doute déjà ouverte ! Jetez un petit coup d'œil à la zone d'adresse, en haut : elle doit finir par « Documents » ; sinon, cliquez sur ce mot dans la partie gauche de la boîte.

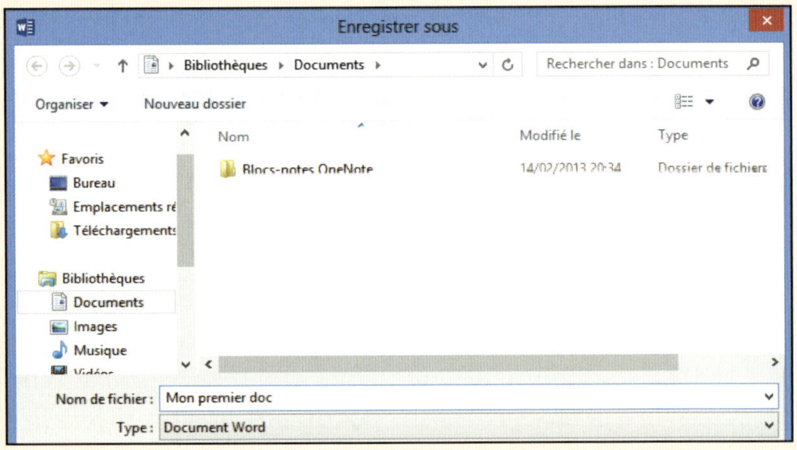

En réalité, vous n'avez donc rien d'autre à faire que donner un nom à votre document. Car celui que vous propose le programme dans la zone **Nom du fichier** est beaucoup trop vague : si vous vous en contentez, vous aurez toutes les peines du monde à identifier vos documents par la suite. À la place du nom suggéré, donc, tapez celui que vous voulez donner à votre document.

4 Puisque le programme sait maintenant où stocker votre document et sous quel nom, cliquez sur le bouton **Enregistrer**.

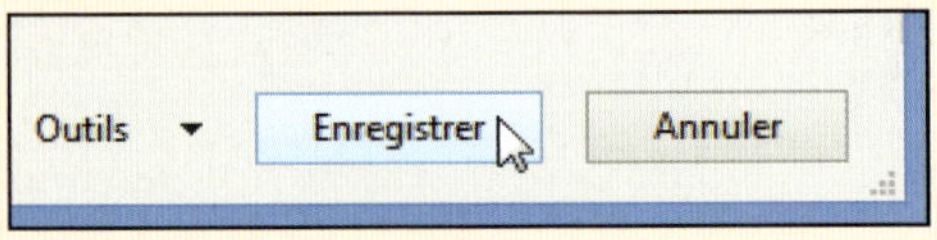

5 WordPad ou Word enregistre le document et affiche son nom dans la barre de titre.

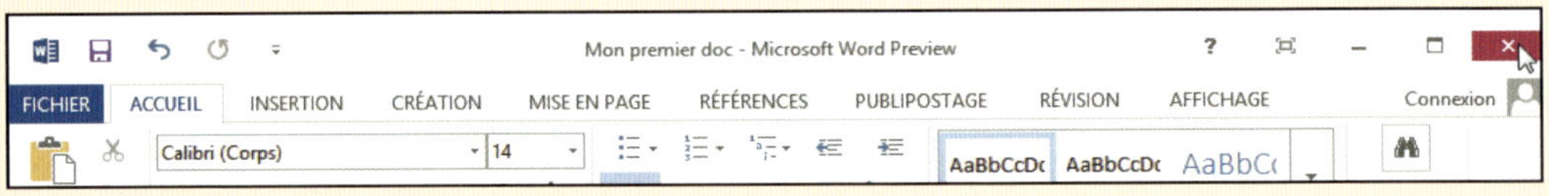

Dès lors, si vous modifiez ce document, vous n'aurez qu'à cliquer sur le bouton ou pour enregistrer vos changements, puisque le programme connaît déjà les lieu et nom de stockage.

Mais pour l'instant, comme notre exploration du clavier est terminée, vous pouvez fermer votre programme en cliquant sur le bouton × dans sa barre de titre.

COUP DE POUCE !

Gardez accès à vos documents

Enregistrer vos documents ne servirait à rien si vous ne pouviez pas remettre la main dessus ensuite. Quand vous voulez relire ou modifier l'un d'entre eux, donc, démarrez WordPad ou Word, puis cliquez successivement sur l'onglet **Fichier** et sur **Ouvrir**. Ensuite…

- Dans WordPad, la boîte de dialogue **Ouvrir**, très similaire à la boîte **Enregistrer sous**, apparaît : cliquez sur **Documents**, à gauche, pour afficher le contenu de votre bibliothèque **Documents** dans la partie centrale, puis sur votre document et sur le bouton **Ouvrir**.
- Dans Word, le panneau **Ouvrir** s'affiche. Si votre document figure dans la liste **Documents récents**, cliquez directement dessus, et vous êtes quitte ! Sinon, cliquez sur **Ordinateur**, puis sur **Parcourir**, et procédez comme nous venons de le voir dans la boîte de dialogue **Ouvrir** pour accéder à votre document.

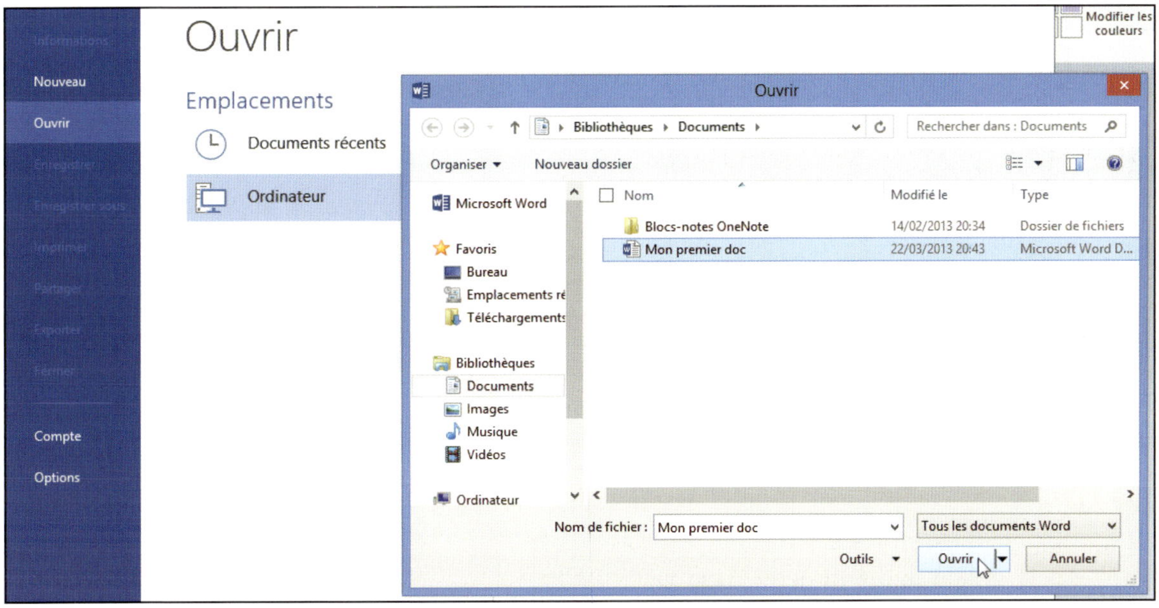

Le clavier de portable : petit mais costaud !

Exception faite des mastodontes que sont les transportables, les ordinateurs portables possèdent un clavier condensé et monobloc : les touches du pavé directionnel se retrouvent plus ou moins dispersées autour du pavé central, et le pavé numérique disparaît purement et simplement. Enfin... sous sa forme originelle, car en réalité, il a su renaître de ses cendres !

En effet, le clavier des portables possède une spécificité bien utile : la touche **Fn**, souvent située dans la partie inférieure gauche du clavier et identifiée par ces deux lettres *Fn* en couleur ou encadrées. Elle fonctionne avec les touches marquées d'une icône ou d'une inscription de cette même couleur ou encadrées, qui jouent alors un double rôle.

Touche **Fn**

Pavé numérique virtuel

Propriété privée des ordinateurs portables, la touche **Fn** démultiplie les fonctionnalités du clavier en conférant un rôle de plus à certaines touches.

- **Modifier le comportement du portable.** Pour cela, vous devez enfoncer la touche **Fn** en même temps qu'une touche marquée d'une icône, de mots ou d'une abréviation en couleur ou encadrés. Par exemple, vous pouvez presque toujours augmenter ou réduire la luminosité de l'écran en enfonçant simultanément la touche **Fn** et celle marquée d'une icône du type + ou -, respectivement. Mais le nombre, la position et l'inscription de ces touches variant selon les portables, je suis obligée de vous renvoyer au manuel d'utilisation de votre machine pour les découvrir.

Coupe le son de votre portable.

Bascule l'image affichée à l'écran sur un écran indépendant, branché sur votre portable.

- **Simuler le pavé numérique.** La partie droite du pavé central comporte 15 touches marquées d'un chiffre ou d'un opérateur mathématique en couleur ou encadré qui constituent le fameux pavé numérique « ressuscité » dont je vous parlais tout à l'heure. En effet, celui-ci renaît grâce à la touche **Fn** : par exemple, enfoncer cette dernière en même temps que la touche **J** produit *1*. Et cette fois, par chance, les touches de ce pavé sont normalisées et figurent au même endroit sur tous les portables ; par exemple, le *4* se trouve toujours sur la touche **U**.

Produit le signe + dans un programme classique ; effectue une addition dans un programme de calcul.

Ceci mis à part, toutes les autres touches classiques s'utilisent comme sur un clavier indépendant. Ainsi, enfoncer brièvement la touche **S** produit un *s*, tandis qu'un appui sur la grosse touche **Entrée** débute une nouvelle ligne. Par ailleurs, en enfonçant à la fois les touches **Maj** et **T**, vous produisez un *T*, tandis qu'en appuyant simultanément sur les touches **Alt Gr** et **0**, vous obtenez un @. Facile !

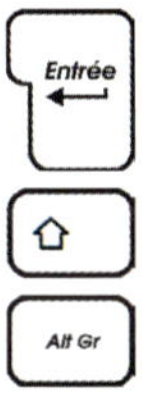

Quand le clavier s'invite à l'écran

Au début de ce chapitre, le clavier gardait ses distances avec l'écran de l'ordinateur fixe, puis il est venu se nicher tout près de l'écran du portable ; et maintenant, il s'installe carrément « dans » l'écran ! En effet, Windows 8 propose un clavier virtuel, spécialement conçu pour les écrans tactiles. Dans l'environnement moderne, ce clavier apparaît automatiquement quand vous touchez une zone où vous devez taper du texte ; et dans l'environnement classique, vous l'affichez en touchant l'icône dans la partie droite de la barre des tâches.

Ensuite, la saisie s'effectue tout en douceur, puisque vous n'avez qu'à effleurer les touches requises. Néanmoins, ce clavier virtuel n'a aucune chance de supplanter ses collègues physiques, car seules les lettres classiques y sont instantanément accessibles. Vous l'apprécierez donc pour taper un mot de passe ou l'adresse d'une page Web à consulter, par exemple, mais en aucun cas pour saisir un long document ; sinon, vous devrez sans cesse jongler entre trois affichages.

Windows 8 ne propose pas un seul clavier virtuel, ni même deux : il vous en offre trois ! Mais sans pour autant monopoliser toute la surface de l'écran : en fait, vous passez de l'un à l'autre en effleurant simplement les touches **&123** et .

En effet, au départ, ce clavier ne propose pratiquement que des touches marquées de lettres. Pour accéder aux chiffres et aux caractères spéciaux, comme les signes de ponctuation ou le symbole de l'euro €, vous devez donc toucher la touche **&123** puis, si le caractère souhaité n'est toujours pas visible, la touche marquée d'une flèche orientée vers la gauche et placée dans un rond. Et ensuite, il vous faut de nouveau effleurer la touche **&123** pour revenir aux lettres !

Par chance, ces trois jeux de touches fonctionnent malgré tout de la même manière.

- Pour taper un **caractère simple**, c'est-à-dire un caractère tel qu'affiché sur sa touche, touchez juste cette dernière. Par exemple, effleurez la touche **f** du clavier des lettres pour produire un *f*, et la touche **2** ou **@** du clavier des caractères spéciaux pour obtenir un *2* ou l'arobase *@*.
- Pour taper une **lettre majuscule**, touchez brièvement l'une des touches **Maj** (marquées d'une flèche orientée vers le haut) pour la bleuir, puis effleurez la lettre à produire en capitale. Par exemple, touchez successivement les touches **Maj** et **H** pour obtenir un *H*.
- Pour taper une **variante** absente du clavier **d'une lettre** bien présente sur le clavier, comme *â*, *ç* ou *œ*, déclinaisons respectives des lettres *a*, *c* et *o*, posez longuement votre doigt sur la touche associée au caractère à produire. Quand une palette de caractères apparaît, faites glisser votre doigt sur la lettre ou le symbole à insérer dans votre texte, puis relevez le doigt. Par exemple, pour produire *â*, maintenez le contact avec la touche **a**, jusqu'à ce que ses variantes s'affichent ; glissez alors votre doigt sur la touche **â**.

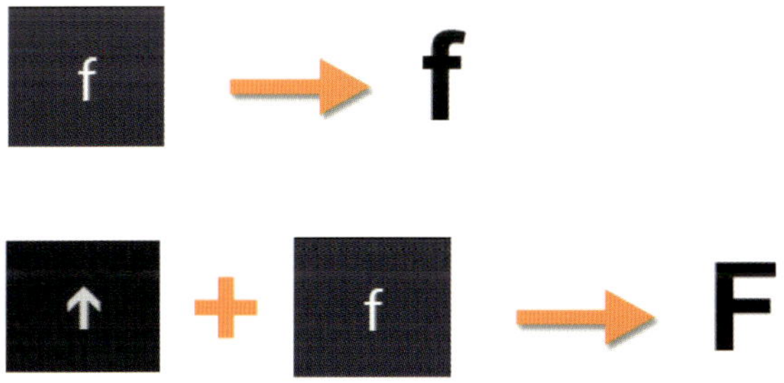

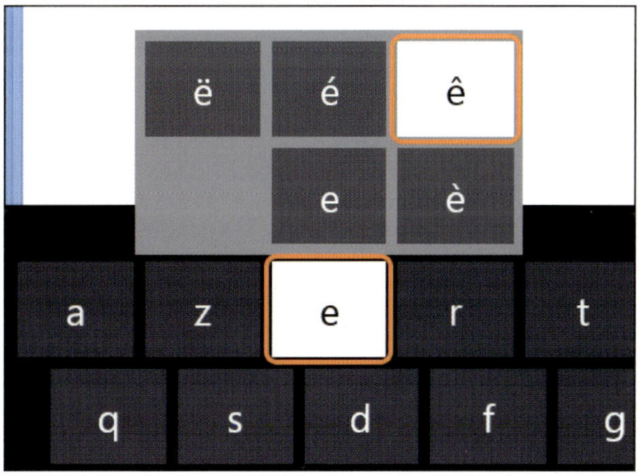

Malgré l'abondance de touches virtuelles à votre disposition, vous n'avez que trois techniques à connaître pour exploiter toutes leurs ressources.

TESTEZ-VOUS !

Avez-vous retenu les trois mots essentiels de ce chapitre ?

1

Point d'insertion

D'après vous, s'agit-il…

a D'une prise située sur le clavier et destinée au branchement direct d'une souris ?

b De l'icône à toucher pour afficher le clavier virtuel de Windows 8 ?

c Du petit trait vertical clignotant qui signale l'emplacement du prochain caractère tapé dans un document ?

2

Pavé central

D'après vous, s'agit-il…

a Du plateau sur lequel est fixé le clavier d'un ordinateur portable ?

b De la zone principale d'un clavier qui réunit notamment les touches des 26 lettres de l'alphabet ?

c De la zone centrale de la fenêtre de Word ou WordPad où s'affichent les documents ?

3

Touche Entrée

D'après vous, s'agit-il…

a De la touche qui permet de commencer un nouveau paragraphe ?

b De la touche qui permet de basculer entre les différents claviers virtuels de Windows 8 ?

c De la touche qui permet de créer un nouveau document dans Word ou WordPad ?

Réponses : 1 : c, 2 : b, 3 : a

Chapitre 5

Pas un jour sans l'Internet

Voici peut-être le chapitre que vous attendiez le plus, et cela se comprend ! Car un ordinateur incapable de vous emmener sur l'Internet pour vous divertir ou faire des achats perdrait presque tout son intérêt… Plongeons donc ensemble dans le cybermonde !

Ainsi, à la fin de ce chapitre, vous saurez, entre autres :

➔ Vous rendre et naviguer sur l'Internet

➔ Trouver facilement des pages Web intéressantes

➔ Garder un accès immédiat à vos pages préférées

Ouvrez votre ordinateur au monde de l'Internet !

Connecter votre ordinateur à l'Internet est absolument indispensable pour bénéficier des ressources inépuisables de ce monde virtuel. Mais faites-le en Wi-Fi pour profiter d'une connexion permanente sans câbles.

Un ordinateur coupé de l'Internet serait un peu comme une télévision avec une seule chaîne : il vous ferait rater énormément de choses (bonnes ou mauvaises, d'ailleurs !) et vous lasserait très vite ! Car dans ce cybermonde, vous pouvez rechercher des informations sur n'importe quel sujet, effectuer des démarches administratives en quelques instants, faire des emplettes à des prix avantageux, réécouter des émissions de radio en différé et, bien sûr, profiter du Nuage, cet univers virtuel qui permet notamment d'accéder à vos courriels et votre agenda depuis tous vos appareils connectés.

Donc si vous n'avez pas déjà souscrit un abonnement en ce sens lors de l'achat de votre ordinateur, il y a urgence absolue à accomplir les démarches requises auprès d'un *fournisseur d'accès Internet (FAI)*, comme Orange ou Bouygues. Ce type de prestataire assure la connexion de votre ordinateur à l'Internet moyennant paiement. Avant d'en choisir un, comparez leurs offres, puis abonnez-vous à celui qui propose le meilleur rapport prestation/prix. Mais dans tous les cas, optez pour le Wi-Fi, afin de bénéficier d'une connexion sans fil et donc beaucoup plus pratique.

Une fois que vous avez souscrit et réglé votre dû, votre FAI vous remet le matériel et les informations confidentielles indispensables à l'établissement de votre connexion Internet. En vous référant à la documentation jointe, installez votre équipement flambant neuf, et notamment la fameuse *box*, boîtier assurant physiquement la connexion entre votre ordinateur et votre FAI par le biais de votre ligne téléphonique, puis suivez le « Tout premiers pas » ci-après.

TOUT PREMIERS PAS

Connectez votre ordinateur à l'Internet

1 Pointez l'angle inférieur droit de l'écran d'accueil pour afficher la barre des contrôles, puis cliquez sur l'icône **Paramètres**, tout en bas.

2 Le panneau **Paramètres** apparaît : cliquez sur l'icône qui matérialise votre connexion Wi-Fi.

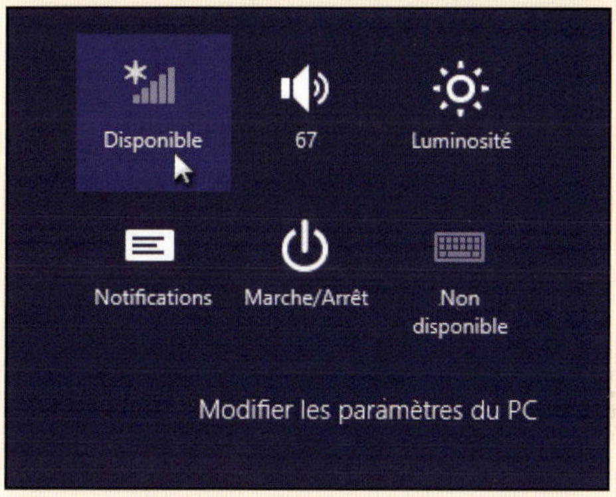

3 Le panneau **Réseaux** s'ouvre et liste les connexions Wi-Fi détectées : pointez le nom de la vôtre pour afficher les options associées, puis cliquez successivement sur la case **Connexion automatique** si elle n'est pas déjà cochée et sur le bouton **Connecter**.

4 Vous voici maintenant à l'étape de loin la plus désagréable : celle où vous devez taper la *clé de sécurité* dans la zone **Entrer la clé de sécurité réseau** (logique !). Ce long code constitué de chiffres et de lettres figure dans les documents remis par votre FAI. Selon sa nature, il est aussi appelé *clé WEP*, voire *clé WPA*, cette dernière assurant un niveau de sécurité plus élevé.

5 Cliquez sur **Suivant**.

6 Windows vous demande maintenant si vous souhaitez partager votre connexion. Mais pas avec n'importe qui ! Ici, il s'agit de permettre à votre ordinateur de se relier en Wi-Fi à d'autres appareils compatibles avec cette technologie. Si vous possédez effectivement de tels dispositifs, comme une imprimante Wi-Fi, cliquez sur **Oui**. Dans le cas contraire, tenez-vous-en au **Non**.

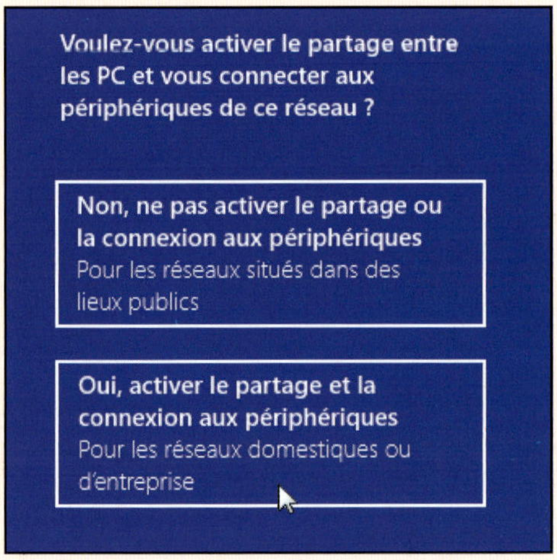

À partir de maintenant, Windows établira automatiquement la connexion après le démarrage de votre ordinateur. (Sinon, répétez juste les étapes 1 à 3.) Et si vous possédez un portable, vous pourrez même profiter de l'Internet et échanger des courriels depuis votre balcon ou votre jardin !

Voguez de page en page sur l'Internet

Dès lors que votre ordinateur est connecté à l'**Internet** (ou *Net*, simplement), vous pouvez naviguer où bon vous semble sur le **Web** (la fameuse *Toile*) et y visiter des centaines de pages et de sites. Mais avant de voir cela concrètement ensemble, un petit point terminologique s'impose. Car même si « Internet » et « Web » s'emploient indifféremment dans le langage courant (et dans ce livre !), ces termes couvrent techniquement deux réalités distinctes.

Avez-vous jamais rêvé d'un lieu où vous pourriez faire des choses aussi variées que trouver des idées déco, acheter des articles en soldes, consulter l'actualité boursière, obtenir un extrait d'acte de naissance ou regarder la bande-annonce du prochain film de Woody Allen ? Eh bien, il existe : l'Internet !

En effet, le premier correspond à une gigantesque structure qui relie des ordinateurs du monde entier, tandis que le second permet à n'importe quel individu lambda de profiter des ressources disponibles sur l'Internet. Comment ? En proposant son contenu sous la forme de **pages Web**, documents conviviaux, capables de renfermer aussi bien du texte et des images que des vidéos et des éléments sonores.

La plupart de ces pages sont réunies en **sites Web**, gérés par des particuliers, des entreprises, des associations, des administrations ou autres. Pour y accéder et voguer de l'une à l'autre, vous utilisez un programme appelé **navigateur Web**. Mais heureusement, pas besoin de permis bateau pour en profiter, car Windows 8 en inclut un très bien : *Internet Explorer*. Et preuve incontestable que l'Internet est vraiment vital : vous pouvez utiliser ce navigateur indifféremment dans l'environnement classique ou traditionnel !

TOUT PREMIERS PAS

Visitez un site Web

1 Pour accéder au Web, impossible d'y aller par quatre chemins : vous devez d'abord démarrer Internet Explorer. Dans l'écran d'accueil, donc, cliquez sur la vignette **Internet Explorer** qui n'attendait que ça !

2 Internet Explorer s'ouvre et vous emmène immédiatement sur la *page d'accueil* d'un site Web, c'est-à-dire sa page principale, dont dépendent toutes les autres pages. Le plus souvent, il s'agit de celui de votre FAI ou d'un site de Microsoft, comme celui de MSN ou de l'outil de recherche *Babylon*. Mais aussi attrayante ou utile soit cette vitrine, notre objectif, ici, est bien d'afficher une page de votre choix.

Alors, double-cliquez sur le texte affiché dans la grande zone de saisie au bas de l'écran pour le sélectionner. (Si cette zone a déjà pris le large, un clic du bouton droit au bas de l'écran la fera réapparaître instantanément.) Ce texte constitue l'*adresse* de la page actuelle : il indique l'emplacement de celle-ci sur le Web. Et la zone où il figure s'appelle tout naturellement la *zone d'adresse*.

3 Pratiquement toutes les adresses de pages Web possèdent la même structure de base : d'abord trois W qui représentent le Web, puis un point, suivi du nom du site, d'un autre point et, finalement, d'un suffixe qui indique la nature du site, comme `fr` (pour « français ») ou `com` (pour « commercial »). Par ailleurs, elles ne contiennent jamais d'espaces ni de lettres accentuées.

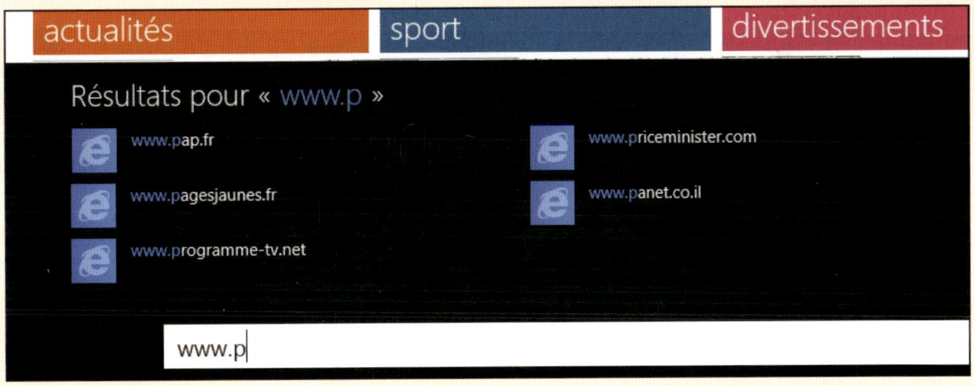

Sans oublier ces grands principes, commencez à taper l'adresse du site que vous voulez visiter, comme `Passeport Santé` `www.passeportsante.net` qui vous livrera toutes les ficelles pour garder la forme. Mais ne restez pas les yeux rivés sur le clavier : observez attentivement le panneau apparu juste au-dessus de la zone d'adresse. Dès le début de votre saisie, il propose des adresses que vous avez déjà visitées et qui commencent par vos caractères ; et au fur et à mesure de votre frappe, les suggestions s'affinent...

4 Si l'adresse du site que vous voulez visiter apparaît, cliquez dessus, simplement ; sinon, terminez votre frappe et appuyez sur la touche **Entrée** du clavier.

5 La page d'accueil convoitée apparaît : super ! Mais vous y trouverez rarement votre bonheur ; le plus souvent, les informations qui vous intéressent figurent dans des pages cachées derrière. Un peu comme un bon livre dont la couverture n'est forcément qu'une toute petite mise en bouche !

Alors, parcourez les différents titres ou rubriques devant vous et, quand vous en trouvez un(e) dont vous aimeriez connaître le contenu intégral, amenez le pointeur dessus. Immédiatement, la flèche habituelle devient une main : excellent présage ! En effet, cliquez… et observez…

6 La page correspondant au titre ou à la rubrique sur lequel ou laquelle vous avez cliqué apparaît : miracle ? Non, pure logique ! Car le texte de l'étape 5 constituait un *lien*, c'est-à-dire un élément (texte ou image, essentiellement) associé à une page Web qui s'affiche dès que vous cliquez sur l'élément en question : pratique !

Souvent, les liens textuels changent d'apparence quand vous les pointez, mais l'idéal est de vous fier au pointeur : dès qu'il se transforme en main, vous êtes absolument sûr de vous trouver sur un lien. Vérifiez en vous amusant à pointer des textes et des images dans la page devant vous et à cliquer quand vous avez envie de découvrir ce que cache tel ou tel lien !

Sachez aussi que si une page est trop longue pour apparaître en intégralité et que si la fenêtre ne comporte aucune barre de défilement, vous pouvez en afficher une sur le bord droit de l'écran en déplaçant simplement le pointeur au hasard dans la page. Ouf !

7 Poursuivez votre exploration du site à votre convenance. Si vous voulez revenir à la dernière page visitée, pointez la gauche de l'écran et, quand une petite flèche orientée vers la gauche apparaît, cliquez dessus. Et si cette flèche prend un malin plaisir à disparaître trop vite, cliquez d'abord du bouton droit au bas de l'écran ailleurs que sur un texte et une image pour afficher la barre des tâches, puis cliquez (avec le bouton gauche, donc) sur l'icône **Précédente** ←, au début de cette barre.

Cela étant, si vous voulez revenir à la page d'accueil, prenez la voie directe : la plupart du temps, il suffit de cliquer sur le logo ou le nom du site en haut de la page en cours.

COUP DE POUCE !

Ne vous contentez pas d'une seule page !

Pour nous concentrer sur l'essentiel, j'ai volontairement ignoré la large barre qui apparaît en haut de l'écran avec une vignette de la page en cours quand vous effectuez un clic droit. Mais maintenant que vous commencez à bien tenir le cap, ne vous privez pas plus longtemps de ce précieux allié.

En effet, cette barre permet de garder plusieurs pages ouvertes en même temps : idéale pour comparer deux locations de vacances ou deux analyses d'un fait d'actualité, par exemple ! Après l'avoir affichée, donc, cliquez sur l'icône dans sa partie droite. La barre d'adresse revient sur le devant de la scène : tapez l'adresse de la seconde page à afficher et appuyez sur la touche **Entrée** ou, si la page en question apparaît dans les suggestions d'Internet Explorer, cliquez dessus.

Cette seconde page investit l'intégralité de l'écran, tout en vous laissant un accès immédiat à la première page affichée : cliquez juste du bouton droit dans une zone vide de la page en cours, puis du bouton gauche sur la vignette de la page de départ dans la barre supérieure. Et si vous voulez rebasculer par la suite dans la seconde page, réaffichez sans hésiter cette même barre !

Vous pouvez ainsi ouvrir autant de pages que vous le souhaitez. Néanmoins, pour ne pas solliciter inutilement votre ordinateur, fermez systématiquement celles dont vous n'avez plus besoin. Pour cela, cliquez juste sur l'icône dans l'angle supérieur droit de leur vignette.

En principe, cette première visite s'est passée sans accroc. Mais si vous voulez poursuivre sur ce rythme de croisière, lisez attentivement ce qui suit pour éviter les incidents de parcours occasionnels.

- **Si une publicité masque la page** que vous vouliez consulter, recherchez un bouton **Fermer**, une croix dans son angle supérieur droit, ou un lien du type **Accéder directement au site** en haut ou en bas de la page. Si vous trouvez un tel élément, cliquez dessus ; sinon (pas de chance !), attendez que la publicité disparaisse d'elle-même.

- **Si la page n'en finit pas de s'afficher**, patientez quelques dizaines de secondes, puis cliquez sur l'icône ⟳ à droite de la zone d'adresse au cas où il s'agirait d'un dysfonctionnement temporaire. Si le problème persiste, observez le bas de l'écran : quand Internet Explorer ne trouve pas le programme requis sur votre ordinateur pour restituer la page correctement ou qu'il redoute un quelconque danger, il affiche une barre avec un message à votre intention. Faites alors le nécessaire (parfois, il s'agit juste de donner votre autorisation en cliquant sur le bouton **Oui**).

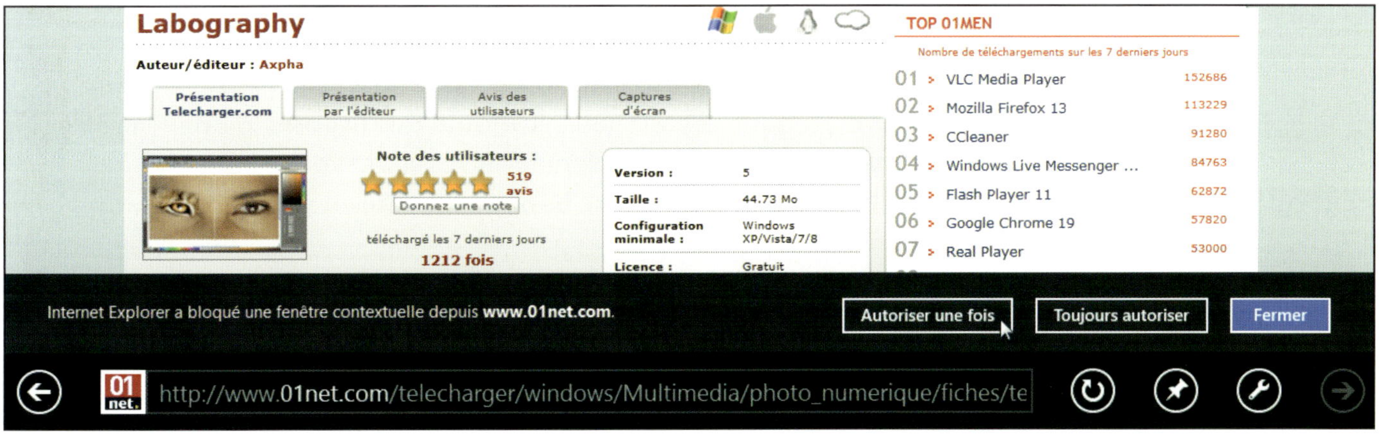

- **Si un message d'erreur apparaît** à la place de la page dont vous avez tapé l'adresse ou après que vous avez cliqué sur un lien, deux vérifications s'imposent. D'abord, vous devez être connecté à l'Internet : pointez l'angle inférieur droit de l'écran, puis l'icône **Paramètres** et, dans le petit panneau d'information à gauche, assurez-vous que l'icône matérialisant votre connexion se présente sous la forme , et non . Ensuite, vérifiez qu'il n'y a pas de faute dans l'adresse.

  Enfin, si ces deux points sont corrects (ou résolus !), relancez l'affichage en cliquant sur l'icône à droite de la zone d'adresse ou de nouveau sur le lien, car il s'agissait peut-être juste d'un dysfonctionnement passager du site. Si le problème persiste, soit la page a changé d'adresse, soit elle a été supprimée.

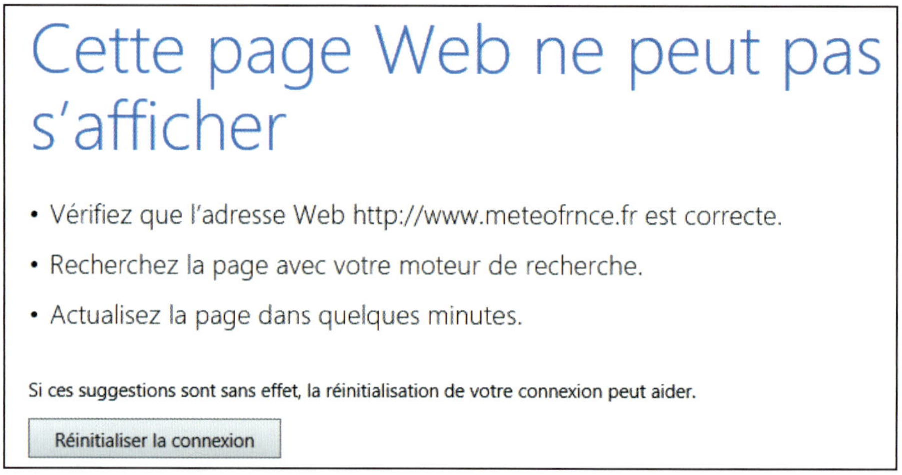

Trouvez toujours votre bonheur

De la recherche d'informations aux achats, en passant par les démarches administratives ou le multimédia, l'Internet vous offre une palette de possibilités extrêmement étendue. Seulement, à moins de disposer d'un guide vraiment efficace pour vous aiguiller vers les bons sites, vous n'avez pratiquement aucune chance de trouver votre bonheur, même en y passant des heures et des heures !

Heureusement, ce précieux guide existe, et ses services sont totalement gratuits : appelé **Google**, il vous déniche toutes les pages relatives au sujet qui vous intéresse ou au service dont vous avez besoin. Découvrons ensemble combien il est efficace et facile à utiliser.

TOUT PREMIERS PAS

Recherchez des informations

1 Cliquez du bouton droit dans une zone vide de la page pour afficher la barre d'adresses au bas de l'écran, et commencez à y taper `www.google.fr`. Si Internet Explorer vous propose l'adresse complète avant la fin de votre saisie, cliquez dessus ; sinon, terminez votre frappe et appuyez sur la touche **Entrée**.

2 Google vous accueille par une page très sobre ; mais attendez de voir la suite… Dans la grande zone rectangulaire centrale, commencez à taper un ou plusieurs mots-clés caractérisant le sujet qui vous intéresse. Aussitôt, la zone de saisie se cale contre le haut de la page et déroule une liste de suggestions susceptibles de correspondre à ce que vous alliez taper ; si l'une d'elles convient effectivement, cliquez dessus.

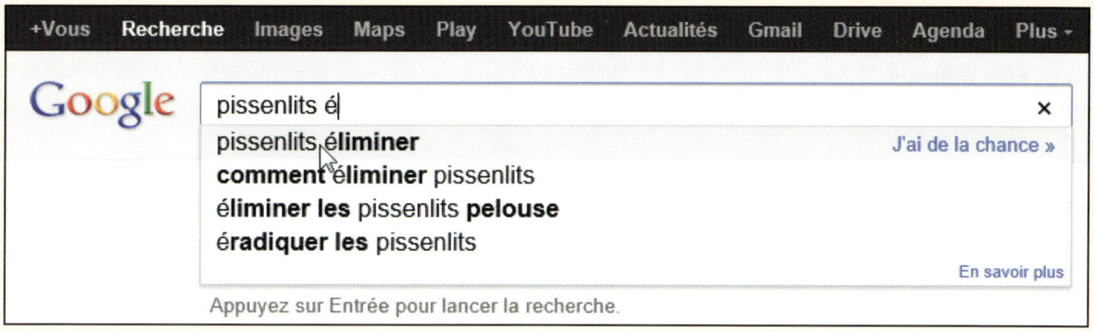

Sinon, terminez votre frappe, en étant le plus précis possible. Par exemple, si vous recherchez les paroles ou un clip de la chanson *Rame* d'Alain Souchon, tapez **rame chanson** ou **rame souchon** ; car si vous vous contentez de « rame », vous aurez des centaines de réponses non pertinentes, consacrées aux rames de métro, de bateaux, de train et de papier !

3 Une longue liste de résultats apparaît, normalement classés du plus au moins pertinent. Chacun commence par le titre de la page en bleu (qui constitue en fait un lien), suivi de l'adresse de la page et d'un résumé avec vos mots-clés en évidence. Quand cela ne suffit pas, vous pouvez en plus afficher un aperçu des pages en pointant la réponse concernée, puis la grosse double flèche qui apparaît à droite. Cliquez finalement sur le titre de la page que vous voulez consulter.

4 La page demandée apparaît ; parcourez-la. Ensuite, vous pouvez en rester là ou poursuivre votre recherche : dans le second cas, il suffit de pointer la gauche de l'écran à mi-hauteur et de cliquer sur la petite flèche qui apparaît pour revenir à la liste des résultats de Google, puis de répéter les étapes 3 et 4.

Sacré détective, ce Google, n'est-ce pas ? Mais d'ailleurs, vous pouvez aussi lui demander de vous dénicher des images pour illustrer un document personnel ou créer une carte de vœux, par exemple. Ou pour le simple plaisir des yeux ! En tout cas, surtout pas pour les diffuser à grande échelle, car la plupart d'entre elles sont protégées par un copyright : vous ne pouvez donc pas vous les approprier.

Pour trouver des photos ou des dessins, commencez en toute logique par cliquer sur le lien **Images** en haut de la page d'accueil de Google. Ensuite, cliquez dans la grande zone rectangulaire, tapez un ou plusieurs mots-clés décrivant au mieux l'illustration que vous recherchez et appuyez sur la touche **`Entrée`**.

Des dizaines de miniatures d'images apparaissent. Alléchant, mais difficile, ainsi, d'apprécier les illustrations à leur juste valeur… Heureusement, vous n'avez qu'à cliquer sur une miniature pour accéder à une plus grande version de l'image. Ensuite, si vous avez envie de conserver cette dernière, vous pouvez l'enregistrer sur votre ordinateur : cliquez juste du bouton droit sur l'illustration, puis cliquez (avec le bouton gauche, cette fois) sur **Enregistrer dans une bibliothèque d'images**.

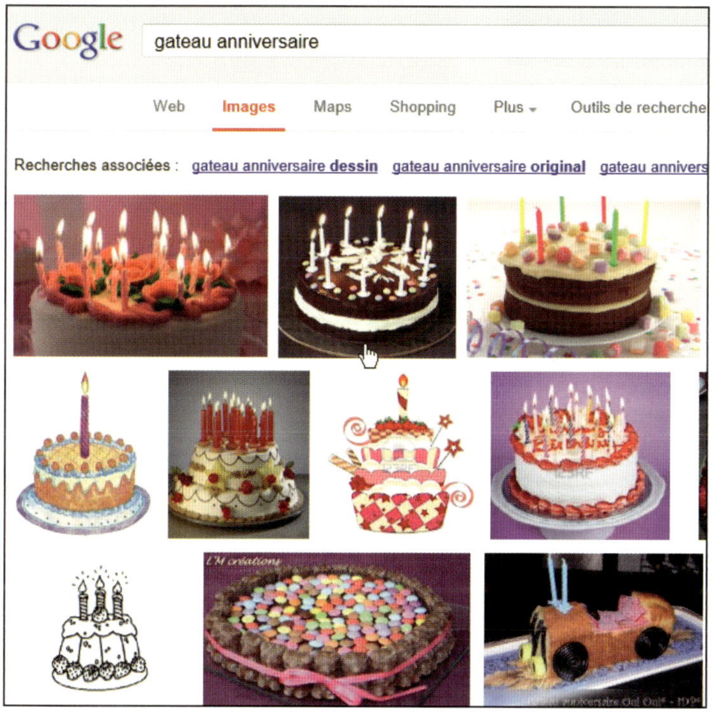

Google n'excelle pas seulement dans la recherche de pages Web : il est aussi imbattable pour les images ! Mais n'en concluez pas pour autant que vous avez le droit d'utiliser librement ces illustrations : elles appartiennent à leurs auteurs.

Consignez précieusement vos pages favorites

Lorsque vous voulez consulter une page Web que vous appréciez particulièrement et que vous visitez donc très souvent, vous n'avez généralement rien à taper. Il vous suffit d'afficher la barre des tâches au bas de la fenêtre d'Internet Explorer et de cliquer dans la zone d'adresse pour qu'une vignette de la page convoitée apparaisse : un petit clic dessus, et vous arrivez alors à bon port !

Pour les pages visitées plus occasionnellement, la procédure est à peine plus longue : commencez à taper l'adresse de celle que vous voulez revoir, et vous avez toutes les chances que son adresse apparaisse dans les suggestions d'Internet Explorer. Là encore, un petit clic dessus, et la précieuse page s'affichera !

Internet Explorer n'étant pas avare de vignettes, vous pouvez accéder d'un simple clic à n'importe quelle page souvent consultée : quelle chance !

Internet Explorer met donc tout en œuvre pour vous alléger la tâche. Et quand je dis « tout », je pèse mes mots, car il a également prévu une technique encore plus rapide pour accéder aux pages que vous aimez énormément ! En effet, vous pouvez les *épingler* sur l'écran d'accueil (nous verrons comment dans un instant). Celui-ci affiche alors une vignette pour ces pages, et vous n'avez plus qu'à cliquer dessus pour ouvrir simultanément Internet Explorer et la page associée à la vignette. Génial !

Mais heureusement, si vous voulez afficher une autre page favorite quand le programme est déjà démarré, vous n'êtes pas obligé de rebasculer dans l'écran d'accueil, car toute page épinglée sur celui-ci l'est également dans la barre des tâches d'Internet Explorer. Il suffit donc de cliquer sur sa vignette dans cette barre pour accéder à la page en question. Ouf !

Cela étant, pour LA page que vous aimez par-dessus tout, il y a encore mieux qu'épingler : en faire votre *page de démarrage* (une autre technique à découvrir dans un instant) ! Ainsi, elle apparaîtra automatiquement à l'ouverture d'Internet Explorer.

COUP DE POUCE !

Les secrets bien gardés des vignettes

Et si vous ne cliquiez pas du bouton gauche, mais du droit sur une vignette de la barre des tâches ? Se passerait-il quelque chose ? Oh que oui ! Vous pourriez exécuter deux actions fort utiles.

- **Afficher la page de la vignette sans fermer la page actuelle** : si vous voulez garder la page en cours ouverte et afficher en plus la page matérialisée par une vignette, cliquez sur **Ouvrir dans un nouvel onglet** dans le menu contextuel de ladite vignette. Une vignette supplémentaire apparaît aussitôt pour votre page dans la barre en haut de l'écran, vous permettant de basculer aisément entre les deux pages à tout moment.
- **Supprimer la vignette** : pour conserver une barre des tâches efficace, ne l'encombrez pas de vignettes sans intérêt. Lorsque vous en repérez une que vous n'utilisez (presque) pas, retirez-la en cliquant sur **Supprimer**.

TOUT PREMIERS PAS

Épinglez une page Web

1 Après avoir affiché la page à épingler, cliquez dedans du bouton droit, dans une zone vide vers le bas de l'écran, puis, dans la partie droite de la barre des tâches, cliquez successivement sur l'icône **Épingler à l'écran d'accueil** et sur **Épingler à l'écran d'accueil** dans le mini menu qui apparaît.

2 Un petit panneau s'affiche, proposant un nom pour votre page et, donc, la future vignette : s'il vous convient, cliquez directement sur le bouton **Épingler à l'écran d'accueil** ; sinon, tapez d'abord l'appellation souhaitée.

Comme je vous l'expliquais il y a quelques instants, une vignette apparaît aussitôt pour votre page à la fois dans la partie droite de l'écran **Accueil** et dans la section **Épinglé** de la barre des tâches : vous n'avez donc plus qu'à cliquer dessus pour accéder à la page !

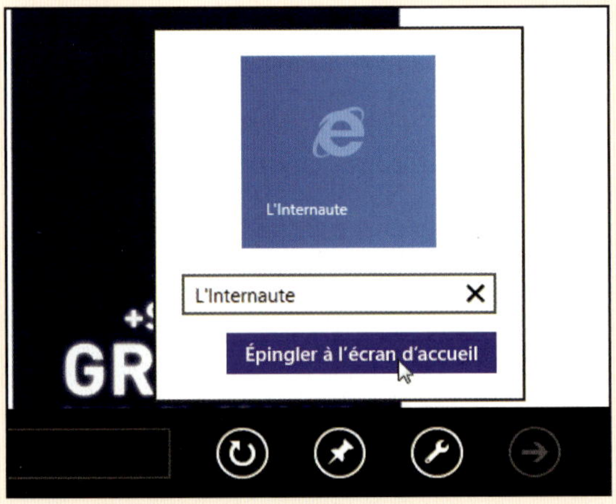

TOUT PREMIERS PAS

Choisissez votre page de démarrage

1 Si Internet Explorer se met en quatre pour vous offrir un accès express à vos pages préférées, il est en revanche moins enclin à se laisser imposer une page de démarrage de votre choix. Première preuve : même si cette page ouvre le bal ensuite dans les deux environnements, elle se définit uniquement dans la version classique du programme. Pour démarrer le « vieil » Internet Explorer, donc, cliquez sur son icône au début de la barre des tâches du bureau.

2 Vous revoici dans votre navigateur Web, mais version retro, cette fois ! Avec un changement majeur : la zone d'adresse est maintenant calée en haut de la fenêtre et visible en permanence. Heureusement, elle fonctionne comme sa cousine moderne : cliquez donc sur l'adresse actuelle pour la sélectionner, puis tapez celle de la page à utiliser comme page de démarrage et appuyez sur la touche **Entrée**.

3 Cliquez sur l'icône **Outils** complètement à droite dans la barre d'outils, puis sur **Options Internet**.

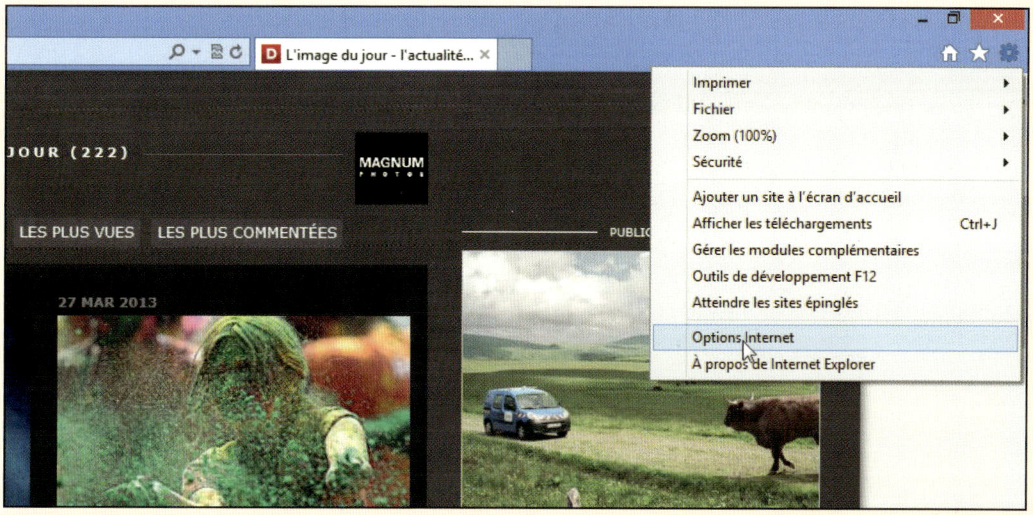

4 La boîte de dialogue **Options Internet** s'affiche ; dans son onglet **Général** déjà devant vous, cliquez sur **Page actuelle**.

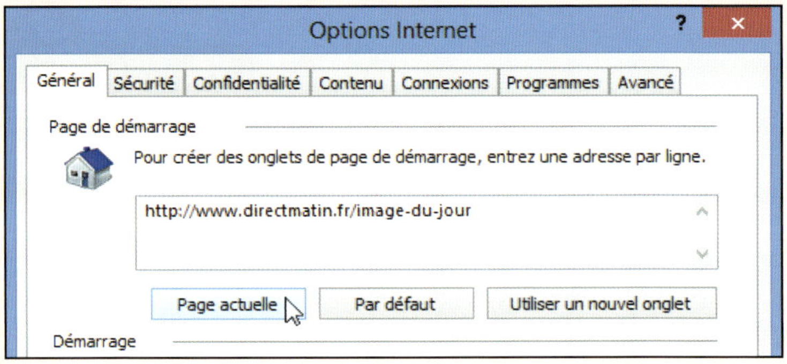

5 Cliquez sur **OK**. Désormais, votre page favorite vous accueillera à chaque démarrage d'Internet Explorer : peu importe que vous l'ouvriez depuis l'écran d'accueil ou le bureau classique !

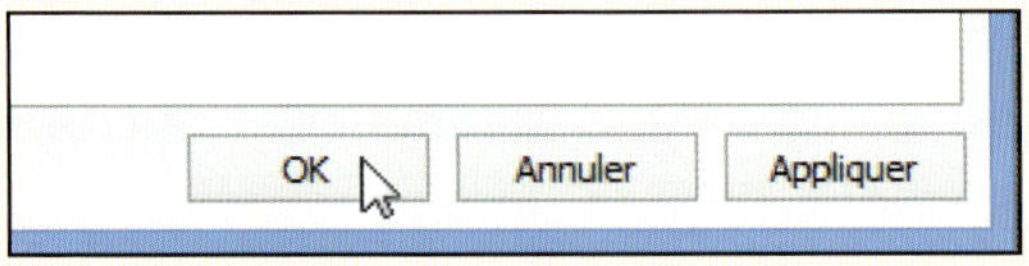

COUP DE POUCE !

Profitez de la mémoire d'éléphant d'Internet Explorer

Pour obtenir votre brevet de cybernavigation, vous devez encore découvrir comment faire marche arrière. Car si vous savez afficher une page épinglée ou récemment visitée, vous ignorez comment retrouver une page consultée une seule fois il y a deux semaines, par exemple. Eh bien, c'est très simple : il suffit d'utiliser l'*Historique*.

En effet, cet outil d'Internet Explorer classique stocke l'adresse des pages consultées au cours des trois dernières semaines. Vous y accédez en cliquant sur l'icône ⚙ vers la fin de la barre d'outils, puis sur l'onglet **Historique**.

L'Historique répertorie plusieurs « repères » temporels qui dépendent à la fois du jour que nous sommes et du temps depuis lequel vous utilisez Internet Explorer : cliquez sur le jour ou la semaine où vous avez consulté la page que vous aimeriez revoir, puis sur le site dont celle-ci fait partie, et finalement sur la page elle-même. Elle apparaît aussitôt : victoire !

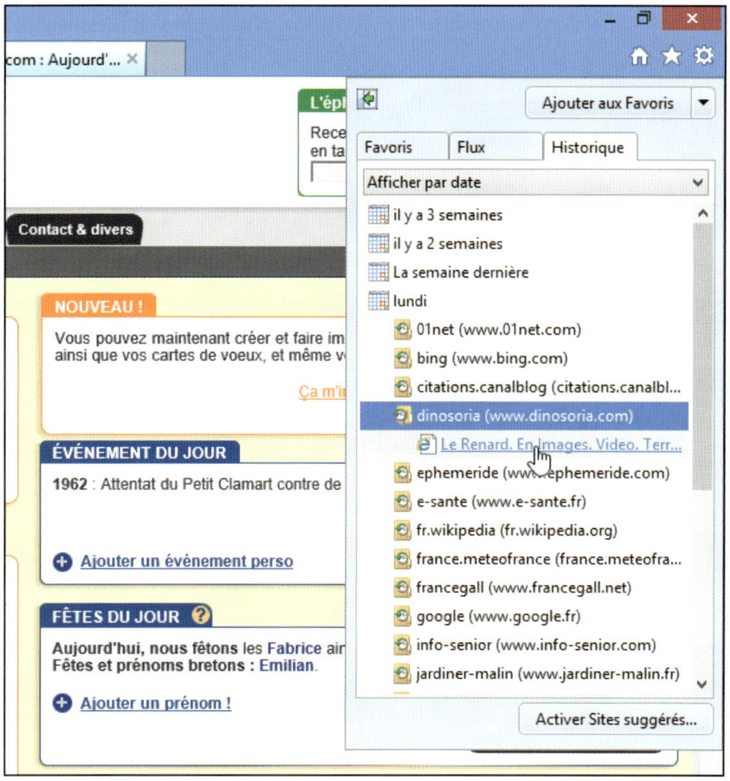

TESTEZ-VOUS !

Avez-vous retenu les trois mots essentiels de ce chapitre ?

1

D'après vous, s'agit-il…

- **a** D'une zone industrielle qui accueille uniquement des fabricants informatiques ?
- **b** D'un lieu où vous pouvez accéder gratuitement à l'Internet ?
- **c** D'un ensemble de documents appelés « pages Web » et reliés entre eux ?

2

D'après vous, s'agit-il…

- **a** Du long code à taper pour établir votre connexion Wi-Fi ?
- **b** D'un texte du type *www.humour.fr* qui indique l'emplacement d'une page sur le Web ?
- **c** De l'icône sur laquelle vous cliquez pour afficher une seconde page Web sans perdre celle en cours ?

3

D'après vous, s'agit-il…

- **a** Du nom de l'organisme chargé de surveiller le Web ?
- **b** Du nom du fondateur de l'Internet ?
- **c** De l'outil qui permet de rechercher des informations et des images sur le Web ?

Réponses : 1 : c, 2 : b, 3 : c

Chapitre

6

Communiquez en toute liberté grâce aux courriels

En plus de vous ouvrir les portes du Web, votre connexion à l'Internet vous permet d'échanger des courriels et des photos avec vos amis et parents du monde entier, 7 jours sur 7 et 24 heures sur 24, sans dépenser un centime. Le rêve ! Qui va très vite devenir réalité…

Ainsi, à la fin de ce chapitre, vous saurez, entre autres :

➔ Créer votre compte Microsoft Live

➔ Envoyer et recevoir des courriels et des photos

➔ Vous créer un carnet d'adresses

Le bon compte fait le bon internaute

Pour pouvoir envoyer des courriels à votre famille et vos amis du monde entier, et recevoir à votre tour leurs petits mots, vous devez disposer d'une **adresse de messagerie électronique**. Sinon, les cyberfacteurs ne pourront pas acheminer vos **courriels** (ou *e-mails*) ni vous livrer ceux qui vous ont été envoyés.

Ce genre d'adresse diffère radicalement des adresses Internet, car elles débutent toujours par une partie qui désigne le propriétaire de l'adresse, suivi du fameux arobase @ et, finalement, du nom du FAI ou du service de messagerie en ligne. Cela donne, par exemple, `michel.colin@orange.fr` ou `myriam-dupont@gmail.fr`. Votre FAI vous a créé une telle adresse automatiquement lorsque vous avez souscrit votre abonnement. Génial !

Pour pouvoir à la fois échanger des courriels et des photos avec tous vos amis, et exploiter les ressources liées au Nuage, vous devez vous créer un compte Microsoft Live en plus de celui prévu par votre FAI.

Seulement, si vous voulez profiter du célèbre Nuage et du *Windows Store* (magasin en ligne de Microsoft), vous ne pouvez pas en rester là : vous devez vous créer un **compte Microsoft Live**. Celui-ci fonctionne avec une adresse du type `votre_nom_ou_pseudo@outlook.com` ou `votre_nom_ou_pseudo@live.fr`. Même si vous en possédez déjà une, mieux vaut en prévoir une nouvelle, réservée à votre compte Microsoft. Ainsi, en plus d'échanger des courriels, vous pourrez utiliser votre calendrier, votre carnet d'adresses et de nombreux services synchronisés aussi bien sur votre ordinateur que sur votre tablette ou votre smartphone.

TOUT PREMIERS PAS

Créez-vous un compte Microsoft Live

1 Pour profiter de la messagerie électronique, vous devez obligatoirement être connecté à l'Internet ; dans tout ce chapitre, nous supposerons donc que c'est effectivement le cas. Du coup, cliquez dès maintenant sur la vignette **Courrier** dans l'écran d'accueil.

2 Windows vous invite à fournir ou créer votre compte Microsoft. Pour ce premier contact, pas d'alternative possible : cliquez sur **S'inscrire pour obtenir un compte Microsoft** et poursuivez à l'étape 3. Mais heureusement, par la suite, quand vous serez confronté à ce même message, vous n'aurez qu'à taper l'adresse de votre compte Microsoft Live et le mot de passe que vous lui aurez associé.

3 Un long formulaire apparaît à l'écran, vous demandant de nombreux renseignements : fournissez-les gentiment. Pour ne pas vous imposer une description interminable, voyons juste ensemble les options un peu délicates.

- **Nom du compte Microsoft** : l'idéal étant de vous créer une adresse dédiée à votre compte, cliquez sur **Obtenir une nouvelle adresse de messagerie** et tapez l'adresse souhaitée. Mais ne vous étonnez pas si votre première proposition est refusée, car il existe déjà un nombre faramineux d'adresses : si celle que vous voulez n'est plus disponible, tentez votre chance avec une autre, jusqu'à en trouver une inédite ! (Souvent, une solution est de dédoubler certaines lettres ou d'ajouter des chiffres.)

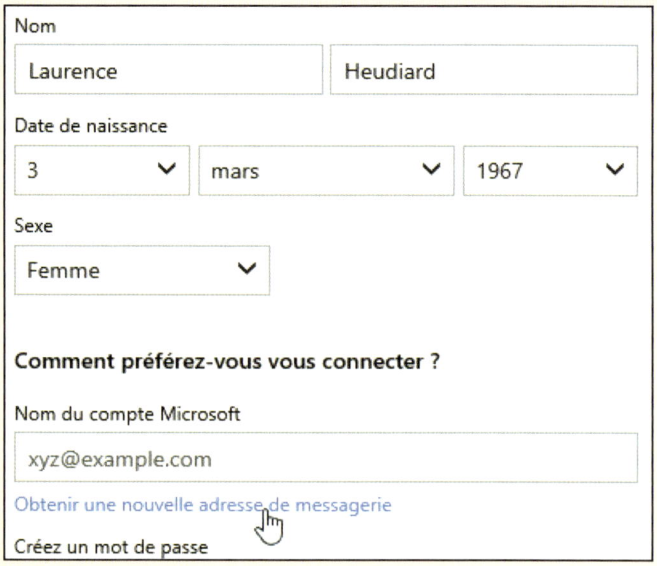

- **Adresse de messagerie de secours** : cette fois, vous pouvez taper l'adresse octroyée par votre FAI, du type `marc.grou@orange.fr` ou `marc-grou@bbox.fr`, donc, car Microsoft l'utilisera uniquement en cas de problème avec votre compte (si vous avez oublié votre mot de passe, par exemple).

- **Choisir une question de sécurité** : cliquez sur ce lien, puis sur la **Question de sécurité** souhaitée, et tapez la réponse. Ce renseignement permettra à Microsoft de vérifier votre identité en cas de problème avec votre compte.

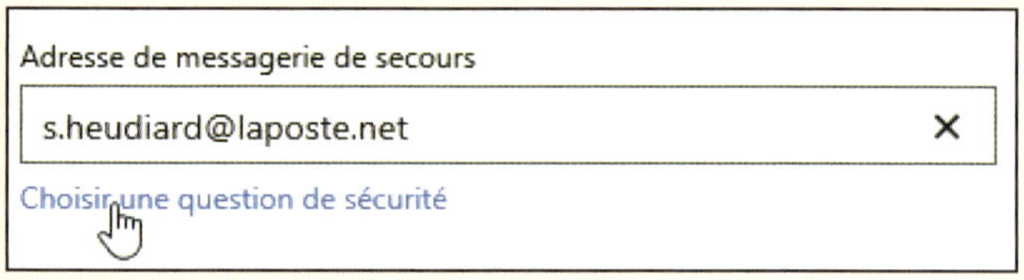

- **Aidez-nous à vérifier que vous n'êtes pas un robot** : tapez les caractères affichés juste au-dessus de la zone de saisie. Appelé *code antispam*, ce texte indéchiffrable par un robot permet à Microsoft de s'assurer que vous êtes bien un humain et que vous ne créez donc pas ce compte à des fins subversives. (Si les caractères sont tellement tarabiscotés que certains en deviennent illisibles, cliquez sur **Nouveau** pour afficher un autre « texte ».)

4 Cliquez sur **J'accepte**.

5 La fenêtre **Résumé du compte** apparaît : vérifiez rapidement les informations enregistrées, puis fermez la fenêtre en la glissant-déposant vers le bas, hors de l'écran.

Si, toutefois, la page du formulaire refuse de céder sa place, parcourez-la pour déterminer ce qui bloque l'enregistrement de votre compte : Microsoft signale systématiquement le problème en rouge au-dessus de la zone concernée. Faites alors le nécessaire et cliquez de nouveau sur **J'accepte**.

6 Malgré tout ce que vous avez pu taper et sélectionner, vous revenez finalement immanquablement au stade de l'étape 2. Mais en tant que nouveau et heureux propriétaire d'un compte Microsoft Live, vous pouvez maintenant la franchir allégrement ! Tapez donc l'adresse et le mot de passe que vous avez définis à l'étape 3, puis cliquez sur **Enregistrer**.

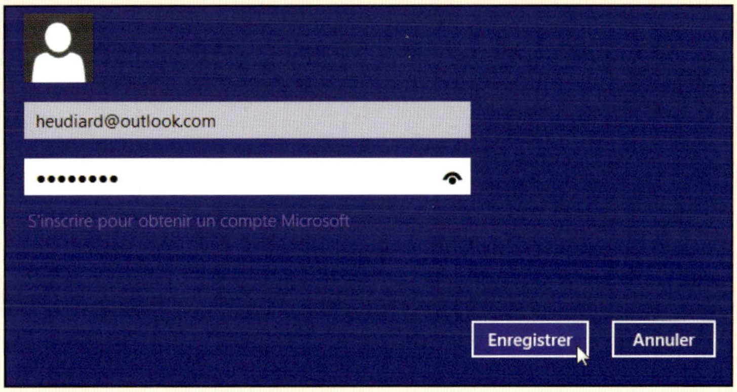

7 Cette fois, ça y est : la fenêtre de l'application Courrier investit tout l'écran et affiche votre boîte aux lettres. C'est gagné ! Mais pour être vraiment à l'aise, commencez par identifier le rôle des trois grandes zones verticales de la fenêtre.

- À gauche : les six dossiers qui stockent vos courriels en fonction de leur nature, et que vous découvrirez dans un instant. D'ici là, retenez juste qu'il suffit de cliquer sur l'un d'eux pour l'ouvrir.
- Au centre : les courriels contenus dans le dossier en cours. Là encore, vous n'avez qu'à cliquer sur celui que vous voulez ouvrir !
- À droite : le contenu du courriel actuellement ouvert.

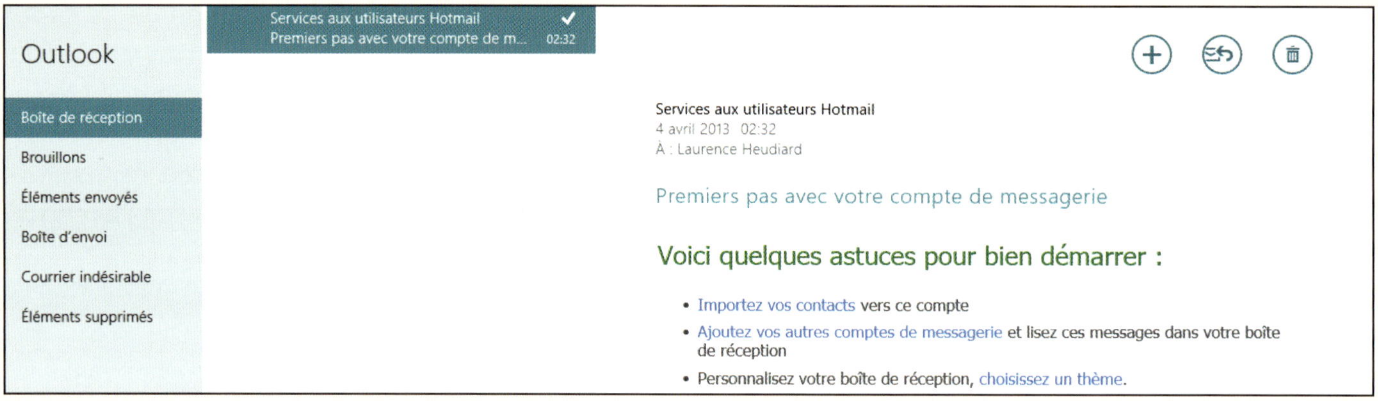

Chose promise, chose due : penchons-nous maintenant sur les fameux dossiers dont nous parlions à l'instant. Il est vraiment important que vous mémorisiez leur rôle, car tous les programmes et sites Web de messagerie utilisent le même type de classement ; et à chaque fois, ce sont eux qui se chargent de dispatcher les courriels dans les dossiers adaptés. Génial !

- La Boîte de réception accueille tous les messages que vous recevez et qui ne constituent pas des *spams*, messages publicitaires parfois totalement fallacieux.
- Le dossier Brouillons contient les courriels que vous avez commencés, mais que vous ne voulez pas envoyer tout de suite. Pour conserver comme brouillon un message en cours de rédaction, cliquez sur le bouton  dans son angle supérieur droit, puis sur **Enregistrer le brouillon**. Et quand vous voudrez l'envoyer, cliquez sur le dossier **Brouillons** dans la colonne gauche, puis sur le courriel au centre, finalisez celui-ci et expédiez-le.
- Le dossier Éléments envoyés stocke une copie de tous les messages que vous avez expédiés.
- La Boîte d'envoi conserve temporairement les messages que l'application Courrier ne parvient pas à envoyer, essentiellement à cause d'un dysfonctionnement de votre connexion Internet.

- Le dossier Courrier indésirable accueille tous les messages que l'application considère comme des spams : elle veut ainsi vous éviter de les ouvrir par mégarde, car cela vous exposerait à des dizaines d'autres spams et à des *virus* (programmes malfaisants, conçus pour commettre des dégâts). Mais parfois, elle se trompe et place de vrais courriels dans le dossier **Courrier indésirable**. Vérifiez donc régulièrement le contenu de celui-ci. Et si vous y trouvez un message authentique, cliquez dessus, puis sur le bouton **Courrier légitime** ✓ dans l'onglet **Accueil** du ruban.
- Le dossier Éléments supprimés récupère tous les courriels que vous effacez dans les autres dossiers, vous permettant ainsi de les récupérer si nécessaire.

COUP DE POUCE !

Plutôt deux comptes qu'un seul

Même si votre compte Microsoft vous permet aussi bien d'échanger des courriels que de profiter du Nuage, mieux vaut ne pas lui laisser le monopole.

En effet, il est important d'avoir une adresse « à visage découvert » pour les échanges avec vos proches, les administrations ou les magasins en ligne, notamment, et une adresse « maquillée » pour toutes les activités où il est préférable de ne pas révéler votre véritable identité, comme les *blogs* (sites Web personnels) : en y utilisant un pseudo et une adresse secondaire, vous protégerez votre boîte aux lettres principale contre les spams et les internautes malintentionnés.

Et puis, n'oubliez pas que votre FAI vous a alloué une adresse ! Alors, pour l'exploiter, ajoutez un second compte de messagerie dans l'application Courrier.

Pointez l'angle inférieur droit de la fenêtre, puis cliquez sur l'icône **Paramètres** ⚙. Tout en haut du panneau **Paramètres** qui s'affiche alors, cliquez sur **Comptes**, puis sur **Ajouter un compte** et sur le type de compte à créer ou, s'il n'est pas répertorié, sur **Autre compte**. Tapez finalement l'**Adresse de messagerie** et le **Mot de passe** associé fournis par votre FAI, et cliquez sur **Connecter**. Facile, non ?

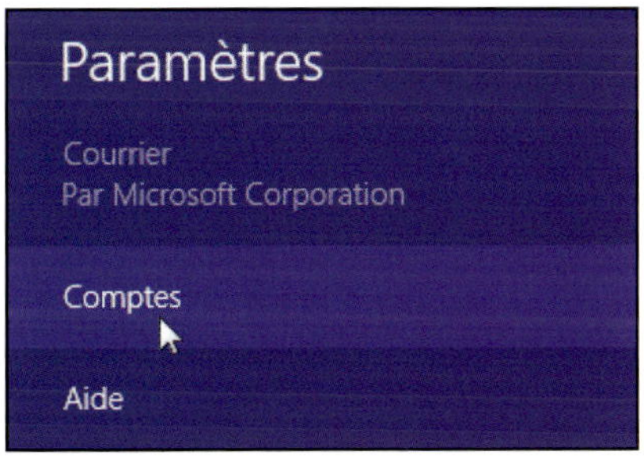

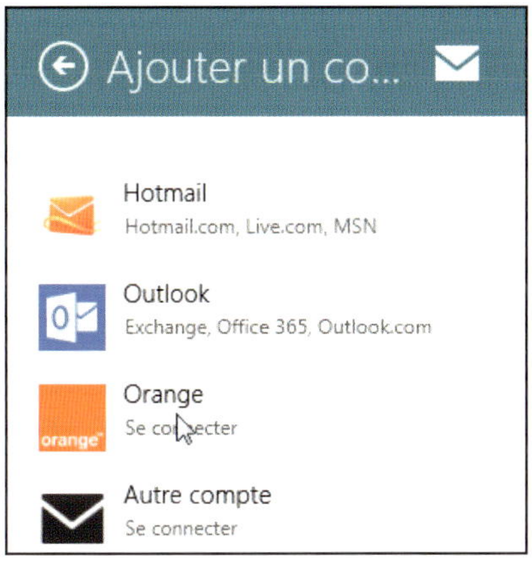

Écrivez sans limites

Tous ces préliminaires méritent bien une récompense ! Et quoi de mieux qu'envoyer votre premier courriel pour vérifier que tout fonctionne ? Que vous le destiniez à votre ami résidant à quelques pâtés de maisons de chez vous ou à votre fille expatriée en Floride, et que nous soyons mercredi ou dimanche, à 11H ou 22H, votre message arrivera à destination quelques dizaines de secondes plus tard. Et tout cela gratuitement !

TOUT PREMIERS PAS

Envoyez un message

1 Dans l'angle supérieur droit de l'application Courrier, cliquez sur l'icône **Nouveau** ⊕.

2 La fenêtre d'un nouveau message s'affiche ; dans la zone **À**, dans la colonne gauche, tapez l'adresse du destinataire.

Par la suite, vous échapperez souvent à cette fastidieuse étape. En effet, dès que vous aurez enregistré vos correspondants réguliers dans l'application Contacts (comme nous le verrons à la fin de ce chapitre) et que vous voudrez écrire à l'un d'eux, il vous suffira de taper les premières lettres de son prénom ; l'application Courrier vous proposera aussitôt toutes les adresses des contacts correspondants, et vous n'aurez plus qu'à cliquer sur la bonne !

3 Dirigez-vous vers la droite de la fenêtre et cliquez sur **Ajouter un objet**, puis tapez le sujet de votre message. Étant donné le grand nombre de courriels que les gens reçoivent désormais quotidiennement, essayez d'être bref mais explicite, afin que votre destinataire identifie rapidement la teneur de votre message.

4 Toujours dans la partie droite de la fenêtre, cliquez sur **Ajouter un message**, et tapez le texte à envoyer à votre interlocuteur. Même si vous n'avez pas besoin d'être aussi rigoureux que dans un courrier papier, restez-le suffisamment : commencez par un petit bonjour, créez des retours à la ligne avec la touche **Entrée**, signez… et évitez les fautes de frappe et d'orthographe !

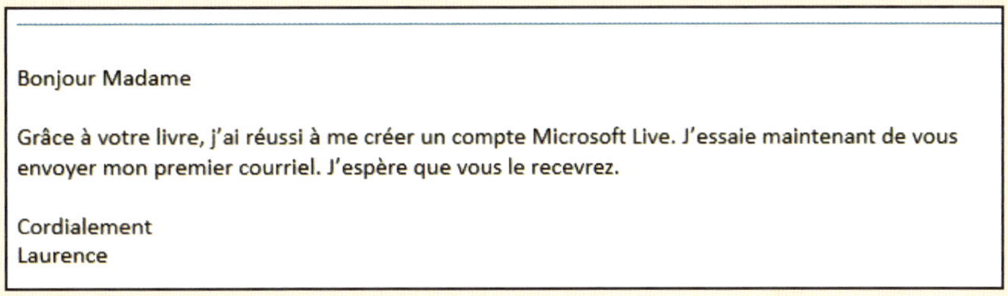

5 Cliquez sur l'icône **Envoyer**, en haut à droite.

L'application Courrier expédie votre message et en place une copie dans le dossier **Éléments envoyés** (vous pouvez d'ailleurs cliquer sur celui-ci si vous voulez vous en assurer !).

COUP DE POUCE !

Écrivez à plusieurs personnes en même temps

Envoyer la même lettre à plusieurs personnes réclame beaucoup de temps et d'argent, puisque vous devez prévoir autant de feuilles, d'enveloppes et de timbres que de destinataires. Alors qu'avec les courriels, écrire la même chose à 3 ou 12 personnes prend à peine dix secondes de plus que s'adresser à une seule et reste totalement gratuit. En effet, vous-même n'avez qu'à créer le message et à indiquer les destinataires ; ensuite, c'est l'application Courrier qui assure les photocopies et l'envoi en nombre.

- Si le courriel concerne tous les destinataires au même chef, par exemple parce qu'il s'agit d'une invitation à un anniversaire, tapez l'adresse du premier dans la zone **À**, puis appuyez sur la touche du point-virgule. Aucun signe de ponctuation n'apparaît, mais la première adresse tapée se dote d'un fond bleu : tapez l'adresse du deuxième destinataire, *etc.*
- Si le message concerne quelqu'un de précis, mais si vous voulez qu'une autre personne en ait aussi connaissance, tapez l'adresse du premier dans la zone **À**, et celle de la seconde dans la zone **Cc** (Copie conforme). Par exemple, pour vous renseigner sur un hôtel où vous logerez avec un ami, vous taperez l'adresse de l'établissement dans la zone **À**, et celle de votre copain dans la zone **Cc** ; ainsi, il recevra une copie de votre courriel sans écrire lui-même !

Lisez et traitez votre courrier

La messagerie électronique n'aurait vraiment pas grand intérêt si vous pouviez seulement envoyer des courriels. C'est justement parce qu'elle permet d'échanger des petits mots (ou de longs romans !) qu'elle est si précieuse et passionnante. Pour avoir de vraies conversations écrites, découvrez donc comment récupérer les courriels que vous adressent vos amis et comment y répondre.

TOUT PREMIERS PAS

Relevez votre courrier

1 L'application Courrier vous est vraiment toute dévouée, puisqu'elle vérifie en permanence si vous avez reçu de nouveaux messages. Le cas échéant, elle les transfère dans votre **Boîte de réception**, affiche ce nom sur un fond coloré dans la colonne des dossiers et indique à côté le nombre de courriels reçus. Pour accéder à ceux-ci, cliquez sur **Boîte de réception** si ce dossier n'est pas déjà ouvert.

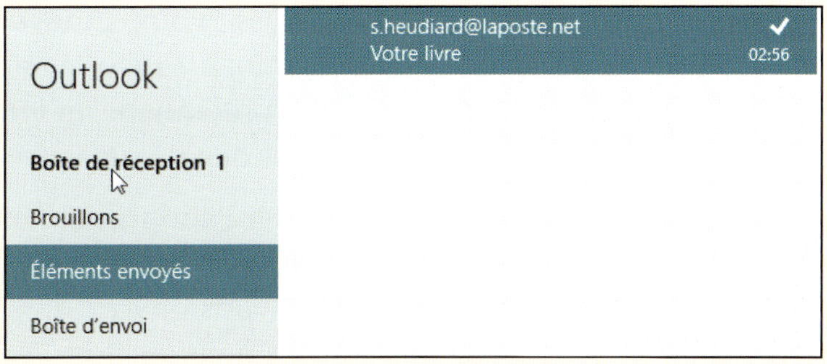

2 Les messages fraîchement arrivés apparaissent dans la colonne centrale ; pour que vous les repériez immédiatement, ils sont inscrits en caractères plus épais. Cliquez sur celui que vous voulez lire.

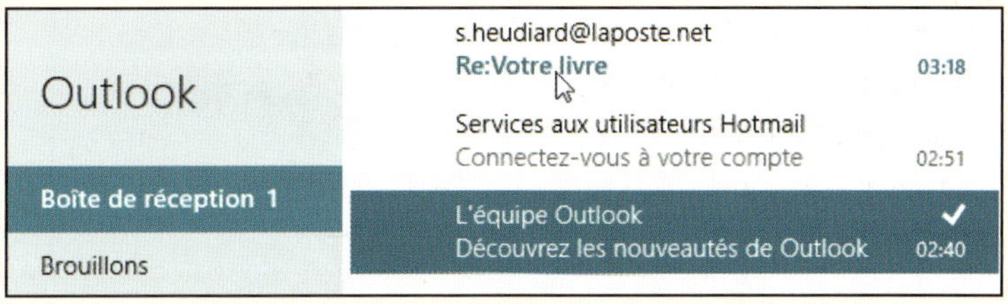

3 Le contenu du courriel s'affiche dans la colonne droite : lisez-le attentivement (ou en diagonale s'il ne vous intéresse pas !), puis répétez l'étape 2 pour tout autre message reçu.

Rien de compliqué, n'est-ce pas ? Sauf que je vous ai décrit ici la situation idéale : la réception d'un « vrai » message envoyé par un ami, un parent ou un collègue, notamment. Seulement, tous les courriels ne sont pas si bien attentionnés… Méfiez-vous tout particulièrement des trois suivants.

- **Les spams (ou pourriels).** Vous détestez les publicités papier qui envahissent votre boîte aux lettres ? Alors, il en sera de même pour les spams ! Car, eux aussi, vous importunent en arrivant dans votre boîte aux lettres électronique sans y avoir été invités. Et certains sont très vicieux, puisqu'ils contiennent un *virus*, programme malveillant, conçu pour commettre des dégâts sur votre ordinateur.

  Donc pas de quartier : supprimez toujours ces pourriels systématiquement. Pour ce faire, cliquez dessus, puis sur l'icône **Supprimer** en haut à droite. Et si vous ouvrez un spam par mégarde, surtout, ne cliquez jamais sur des liens qu'il renferme, et n'ouvrez jamais de fichiers qui y seraient joints.

Spam, phishing, canular : les trois bêtes noires des utilisateurs de messagerie électronique. Néanmoins, les canulars ne présentent pas de danger, alors que le phishing est une menace extrêmement sérieuse.

- **Les courriels pratiquant l'hameçonnage (ou phishing).** Ces messages sont extrêmement vicieux, car ils semblent émaner d'un organisme reconnu, comme votre banque, alors qu'en fait, ils sont envoyés par des escrocs qui cherchent à récupérer des informations confidentielles, telles que votre numéro de compte et le code confidentiel associé. Là non plus, pas d'état d'âme : supprimez-les sur-le-champ !

- **Les canulars (ou hoax).** Ces messages véhiculent de fausses informations alarmistes, comme la disparition d'un enfant ou l'existence d'un virus ultra dangereux, et incitent très fortement les destinataires à les transmettre à un maximum de gens. Inoffensifs en soi, ils polluent quand même les boîtes aux lettres. Donc interrompez leur diffusion en les supprimant directement. Et si, vraiment, vous avez des scrupules, vérifiez d'abord sur le site `Hoaxbuster` `www.hoaxbuster.com` qu'il s'agit bien d'un canular.

Prudence maximale et permanente, donc, surtout quand vous ne connaissez pas l'expéditeur du message. Mais pas d'excès de zèle non plus ! Car après la création de votre compte Microsoft, vous recevez un message envoyé par une entité inconnue, « Services aux utilisateurs Hotmail » : ne le supprimez surtout pas, sinon, vous ne pourrez plus utiliser votre compte !

Toute règle a ses exceptions, c'est bien connu ! Et le message envoyé par Microsoft à la création de votre compte en est un : pas de flonflons pour célébrer votre réussite, mais un courriel auquel vous devez absolument faire suite pour entériner votre nouveau compte.

En effet, *Hotmail* désigne l'ancienne messagerie vedette de Microsoft, aujourd'hui remplacée par *Outlook*. Peut-être qu'à l'heure où vous lirez ces lignes, Hotmail aura finalement complètement disparu, mais pour l'instant, ne soyez pas étonné d'en trouver quelques réminiscences ici et là.

En l'occurrence, le courriel dont je vous parlais à l'instant vous invite à vous connecter à votre compte Microsoft Live pour prouver sa validité. : allez-y ! Cliquez sur le message dans la colonne centrale de l'application, puis sur le lien `http://mail.live.com` qu'il contient, retapez l'adresse et le mot de passe que vous avez définis pour votre compte à l'étape 3 du premier « Tout premiers pas » de ce chapitre et cliquez sur **Se connecter**.

TOUT PREMIERS PAS

Répondez à un message

1 Encore un avantage de la messagerie électronique sur les lettres traditionnelles : pour répondre à un courriel, vous n'avez pas besoin d'en créer un nouveau de toutes pièces. Il suffit d'ouvrir le message concerné et de cliquer sur l'icône **Répondre**, en haut à droite, puis sur **Répondre**. Allez-y !

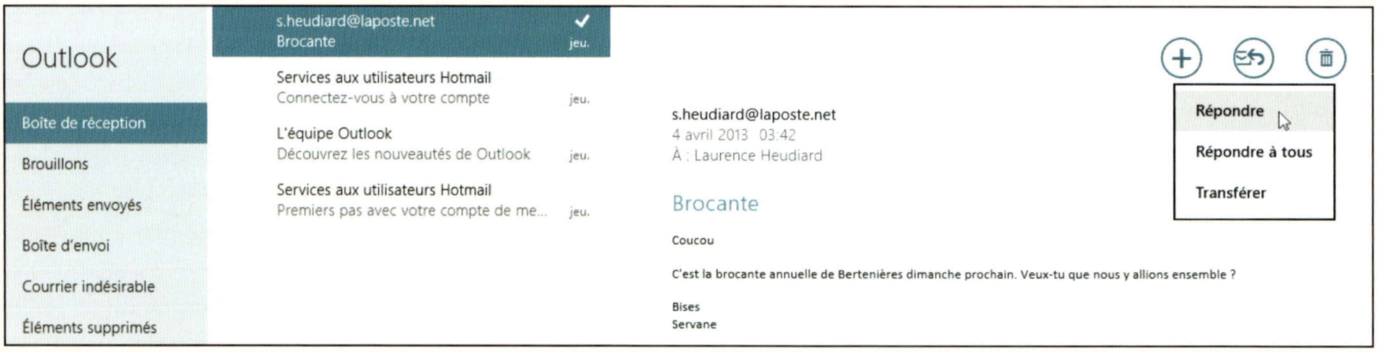

2 Métamorphose immédiate de la fenêtre qui ressemble désormais fortement à celle d'un nouveau courriel, avec de précieux enrichissements. En effet, la zone **À** contient déjà l'adresse du destinataire, et la zone **Objet**, le sujet du courriel initial, précédé de l'abréviation « RE », comme « Répondre » : votre correspondant saura donc immédiatement à quoi se réfère votre message, d'autant que celui-ci intègre aussi le contenu du courriel de départ.

Mais l'application Courrier ne peut quand même pas tout faire ! Si le point d'insertion clignote déjà au-dessous de l'objet, tapez directement votre réponse ; sinon, cliquez d'abord sur **Ajouter un message**.

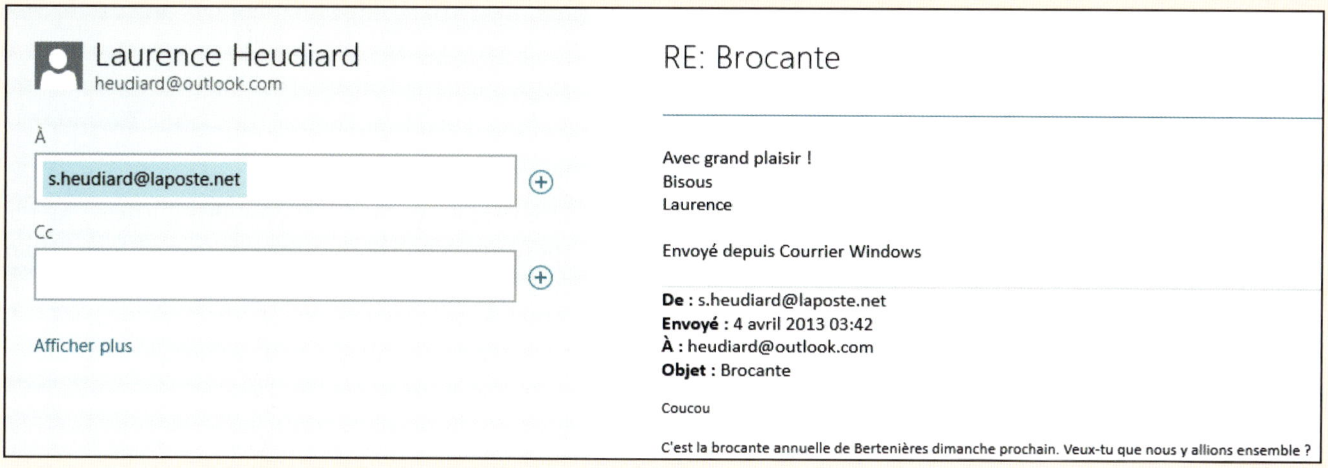

3 Expédiez le tout en cliquant sur l'icône **Envoyer**, en haut à droite.

COUP DE POUCE !

Partagez les courriels intéressants

Énième preuve de la convivialité de la messagerie électronique : quand vous recevez un courriel que vous voulez transmettre à l'une de vos connaissances (comme une bonne blague !), vous n'avez pas besoin d'en retaper le moindre caractère ni de le photocopier et de le glisser dans une enveloppe. Il suffit de le faire suivre à la personne en cliquant sur l'icône **Répondre** dans son angle supérieur droit, puis sur **Transférer**.

La fenêtre se transforme instantanément, et vous retrouvez dans la nouvelle version tout le contenu du message d'origine, ainsi que l'objet de celui-ci, précédé de « FW » (abréviation de « Forward », c'est-à-dire « Transférer » en anglais). Si vous souhaitez modifier l'un de ces textes, allez-y ! Par exemple, pour des raisons de confidentialité, vous pouvez supprimer l'adresse de l'expéditeur. Ensuite, tapez éventuellement un petit mot d'accompagnement au-dessus du texte transféré en cliquant au préalable sur **Ajouter un message**, saisissez l'adresse de votre nouveau destinataire dans la zone **À** et cliquez sur l'icône **Envoyer**.

Simple comme bonjour, n'est-ce pas ? Et cette technique permet aussi de transférer des photos ! En effet, si le message reçu en comportait une en pièce jointe (comme nous allons le voir à la section suivante), elle est automatiquement jointe au courriel créé par l'application après votre clic sur **Transférer**.

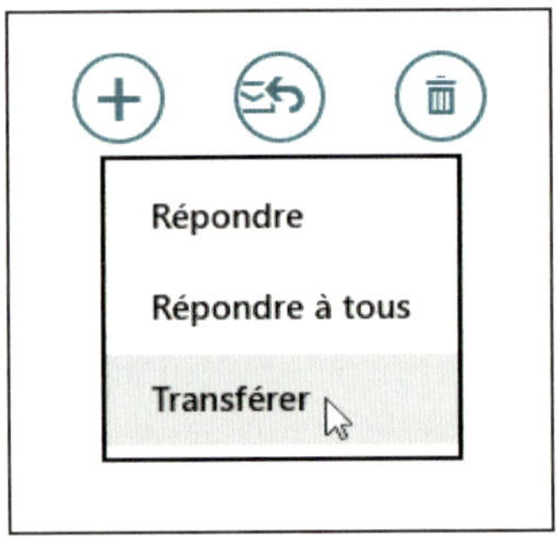

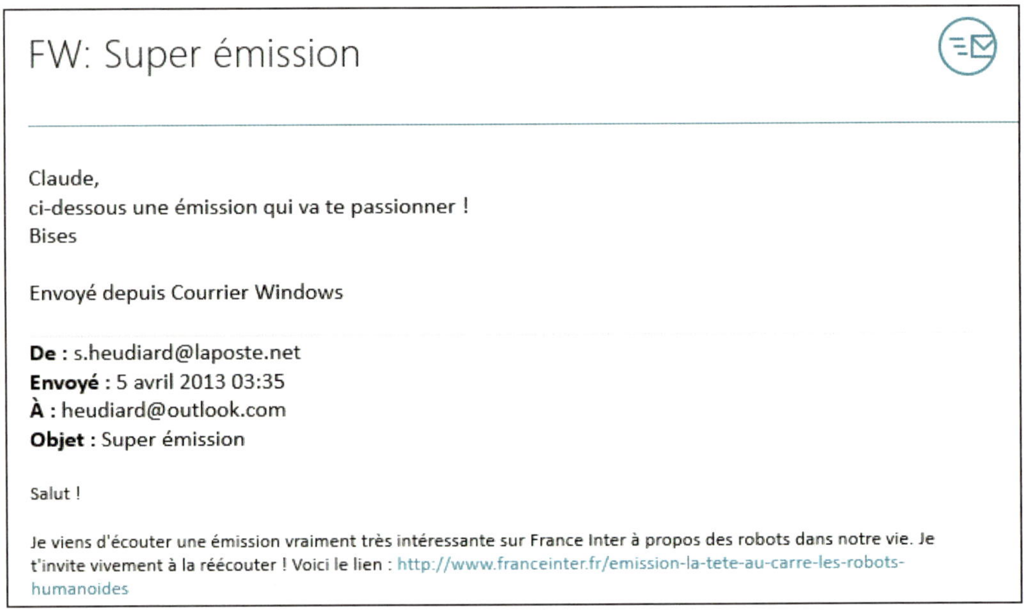

Glissez des photos dans vos courriels

La photo numérique n'offre pas seulement une grande liberté au moment de la prise de vue et des retouches sur ordinateur : avec elle, il suffit aussi(ou presque !) d'un simple claquement de doigts suffit pour partager des clichés. En effet, dès lors que vous êtes connecté à l'Internet, vous pouvez envoyer immédiatement n'importe quelle photo à vos amis, où qu'ils habitent sur la planète, en la joignant simplement à un courriel : moins de deux minutes plus tard, elle arrive à destination, sans que vous n'ayez dépensé un seul centime !

Et bien évidemment, la procédure est à double sens : vos amis, aussi, peuvent vous transmettre leurs plus belles prises de vue avec la même facilité. Que de séances photos en perspective !

TOUT PREMIERS PAS

Envoyez une photo

1 Pour voyager à la vitesse de l'éclair, vos photos doivent être véhiculées par un message. Alors, mettez vos connaissances récentes en pratique, et créez le courriel qui lui servira d'enveloppe. Ensuite, cliquez du bouton droit dans la partie inférieure du message pour afficher la barre des tâches et, au début de celle-ci, cliquez sur l'icône **Pièces jointes**.

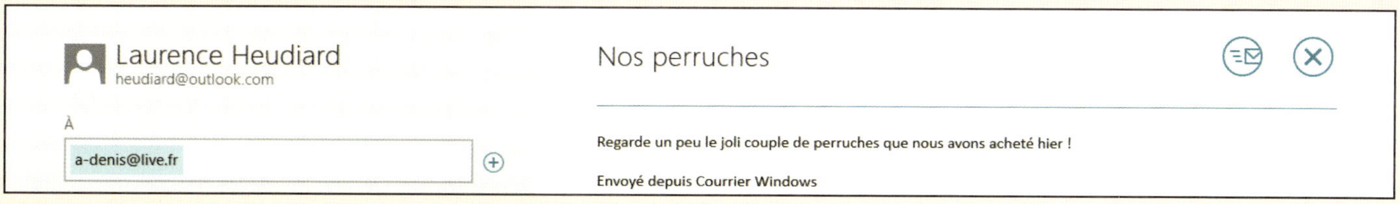

2 L'application Courrier affiche toutes les photos contenues dans votre *bibliothèque* ***Images***, zone de stockage prévue par Windows pour vos clichés et vos dessins, que vous découvrirez au chapitre 7. Cliquez sur l'illustration que vous voulez envoyer. (En cas de doute, vous pouvez commencer par la pointer pour en afficher une miniature d'aperçu.)

3 Une coche apparaît à droite du nom de la photo, et une miniature de cette dernière s'affiche dans la partie inférieure gauche de la fenêtre : pour associer le cliché au courriel, cliquez sur **Joindre**, en bas à droite.

4 La bibliothèque **Images** se ferme, et vous retrouvez la fenêtre de votre message, enrichie d'une miniature de votre photo. Pas de doute : votre cliché est bien joint au courriel ! Il ne vous reste donc plus qu'à expédier le tout en cliquant sur l'icône **Envoyer**, en haut à droite.

COUP DE POUCE !

Un petit smiley plutôt qu'un long discours

Comment exprimer facilement et efficacement un éclat de rire, une grosse déception ou une rage folle dans un courriel ? Grâce à un *smiley* ! Ce drôle de nom (synonyme de *trombine* et *émoticône*) désigne une petite icône de visage qui incarne un sentiment.

Pour en insérer une dans le message en cours, cliquez du bouton droit dans la zone principale de ce dernier, puis cliquez (avec le bouton gauche) sur l'icône **Émoticônes** vers la fin de la barre des tâches. Un grand panneau de trombines apparaît à gauche : cliquez sur celle que vous voulez insérer dans votre courriel. Elle apparaît aussitôt là où clignotait le point d'insertion dans votre texte.

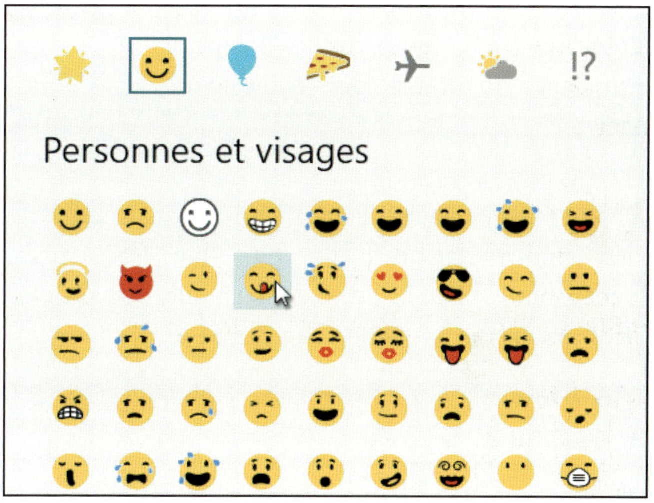

TOUT PREMIERS PAS

Regardez une photo reçue par courriel

1 Qu'il s'agisse d'une photo numérique (comme nous le supposerons ici), d'un document, d'une vidéo ou autre, tous les messages qui arrivent dans votre **Boîte de réception** avec une pièce jointe se repèrent instantanément grâce à la petite icône de trombone à côté du nom de l'expéditeur, dans la colonne centrale de la fenêtre. Cliquez alors sur celui que vous voulez ouvrir.

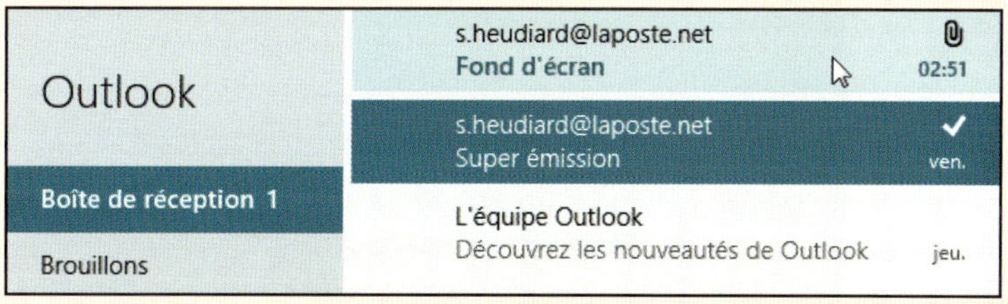

2 Comme d'habitude, le contenu du message s'affiche dans la colonne droite. Seulement, ici, il ne s'agit pas d'un simple texte : juste au-dessous de l'objet figurent, en plus, une icône accompagnée de diverses informations et, surtout, d'un lien **Télécharger**. Cliquez sur celui-ci pour transférer la photo sur votre ordinateur.

3 Une miniature de la photo apparaît, comme une invitation à aller plus loin. Irrésistible, forcément ! Cliquez donc dessus, puis sur **Ouvrir** pour visualiser le cliché « en grand ».

4 L'application Photos démarre et affiche le cliché dans toute sa splendeur : admirez-le, puis fermez le programme en glissant-déposant sa fenêtre vers le bas de l'écran.

COUP DE POUCE !

Conservez les photos reçues

Quand vous recevez une photo que vous aimez, vous pouvez la garder sur votre ordinateur sans pour autant conserver tout le courriel : il suffit d'enregistrer le cliché dans votre bibliothèque **Images**.

À l'étape 3 du « Tout premiers pas » précédent, cliquez sur **Transférer**. La bibliothèque **Images** s'ouvre et propose un nom pour votre photo : s'il vous convient, cliquez directement sur **Enregistrer** ; sinon, tapez au préalable la nouvelle appellation souhaitée.

Le cliché se retrouve bien au chaud dans votre bibliothèque : vous pouvez désormais supprimer le courrier associé.

Rien ne vaut un bon carnet d'adresses

Pour rendre l'application Courrier encore plus performante, créez-vous un carnet d'adresses dans l'application Contacts ! Ainsi vous n'aurez plus besoin de taper les adresses de vos correspondants enregistrés comme *contacts* : il vous suffira de cliquer dessus. Génial !

TOUT PREMIERS PAS

Créez-vous un carnet d'adresses

1 Pour démarrer l'application Contacts, cliquez tout naturellement sur la vignette **Contacts** dans l'écran d'accueil.

2 L'application Contacts s'ouvre et (miracle du Nuage !) vous propose d'intégrer dès maintenant les contacts que vous pourriez avoir sur des réseaux sociaux comme Facebook ou Twitter : intéressant, forcément, mais un peu prématuré. En effet, mieux vaut nous en tenir pour l'instant à l'enregistrement classique de nouveaux contacts. Cliquez donc du bouton droit vers le bas de la fenêtre, puis du bouton gauche sur l'icône **Nouveau**, à la fin de la barre des tâches.

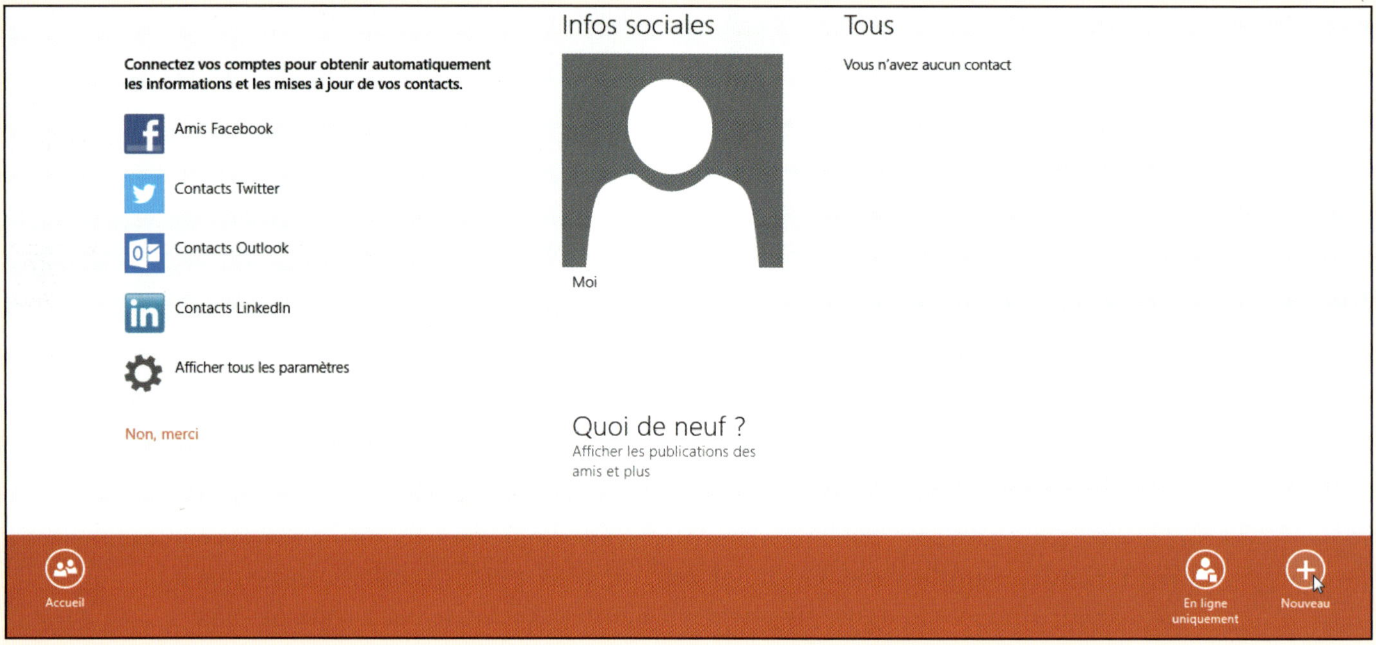

3 Un formulaire dédié à la saisie de différents renseignements sur votre contact apparaît : tapez les informations souhaitées, en renseignant bien sûr au moins les zones **Nom** et **Courrier électronique**. Si certaines zones de saisie sont masquées, comme celle du téléphone, cliquez sur le signe Plus qui précède leur nom pour les afficher.

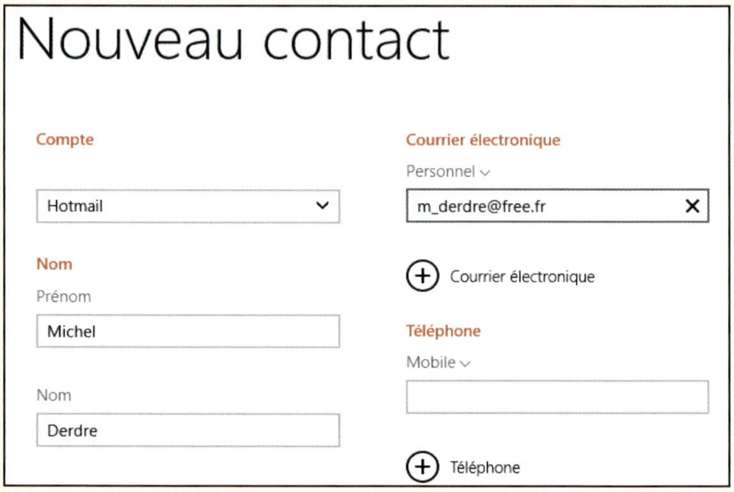

4 Cliquez finalement sur l'icône **Enregistrer** vers la fin de la barre des tâches.

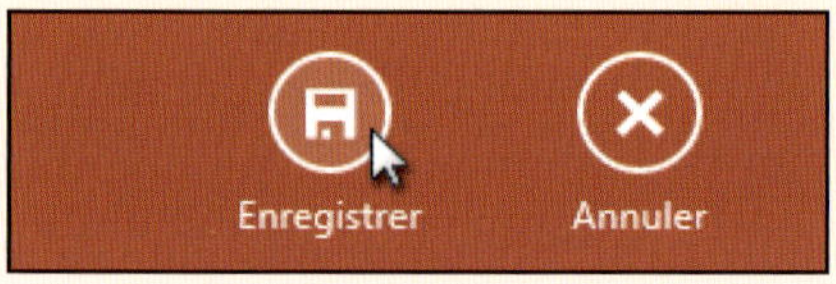

5 La fiche du nouveau contact apparaît : premier succès qui vous oblige forcément à poursuivre sur celle belle voie ! Alors, cliquez sur la flèche ← devant le nom de la personne pour revenir à votre carnet d'adresses et répétez les étapes 2 à 4 pour chaque autre contact à enregistrer.

COUP DE POUCE !

Gardez votre carnet d'adresses à jour

Pour être vraiment utile, votre carnet d'adresses doit être actualisé dès que l'un de vos contacts change d'adresse ou que vous ne voulez plus entendre parler de lui. Quand vous devez agir en ce sens, donc, cliquez sur le nom de la personne concernée.

Lorsque sa fiche apparaît, cliquez dedans du bouton droit pour afficher la barre des tâches et, finalement, cliquez sur l'icône correspondant à l'action à accomplir dans cette barre.

Notez également que, si vous épinglez un contact sur l'écran d'accueil comme nous l'avons vu au chapitre 3, sa tuile et celle de l'application s'animent dès que la personne effectue une action sur un réseau social.

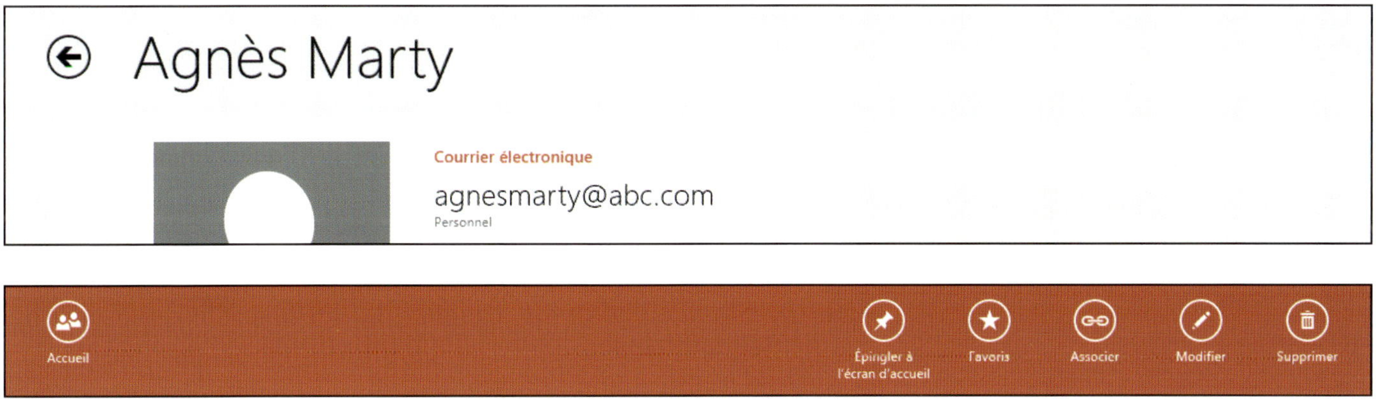

TESTEZ-VOUS !

Avez-vous retenu les trois mots essentiels de ce chapitre ?

1

Boîte de réception

D'après vous, s'agit-il…

- **a** Du dossier de messagerie prévu pour accueillir les courriels qui vous sont envoyés ?
- **b** D'une application conçue pour gérer les invitations à des événements importants ?
- **c** D'un boîtier que vous branchez sur votre ordinateur pour démultiplier les connexions de celui-ci ?

2

Spam

D'après vous, s'agit-il…

- **a** D'un service de messagerie en ligne ?
- **b** Du message de bienvenue que Microsoft envoie après la création de votre compte ?
- **c** D'un message publicitaire, jamais sollicité et souvent fallacieux ?

3

Phishing

D'après vous, s'agit-il…

- **a** D'une technique aussi appelée *hameçonnage* et qui vise à vous attirer sur un faux site Web ?
- **b** D'un service Web de livraison de produits de la mer à domicile ?
- **c** D'un courriel envoyé le 1er avril ?

Réponses : 1 : a, 2 : c, 3 : a

Chapitre

7

Gérez vos documents et vos photos de main de maître

Ce chapitre vous passionnera, bien sûr, beaucoup moins que les deux précédents. Mais si vous ne prenez pas dès maintenant l'habitude de bien gérer le contenu de votre ordinateur, vous irez droit à la catastrophe quand vous y stockerez des centaines de photos et des dizaines de chansons.

Ainsi, à la fin de ce chapitre, vous saurez, entre autres :

- ➔ Distinguer les fichiers, dossiers et bibliothèques
- ➔ Parcourir et organiser le contenu de votre ordinateur
- ➔ Éliminer les éléments inutiles

Gardez un œil sur vos documents et vos images

Et j'aurais pu ajouter à la fin de ce titre « vos chansons, vos vidéos, vos dessins, *etc.* », puisque ce chapitre s'applique à tous les éléments stockés sur votre ordinateur. Or ils sont nombreux ! Car outre ceux que vous créez vous-même, que vous récupérez sur l'Internet ou que vous recevez par courriel, votre machine renferme des informations indispensables à son fonctionnement et des programmes.

Comme nous l'avons vu au chapitre 1, tous sont stockés sur le disque dur. Mais pas n'importe comment ! Chaque bloc d'informations (programme, document, photo, *etc.*) constitue un **fichier**, et tous les fichiers sont classés en **dossiers**. En fait, les fichiers sont un peu comme des feuilles de papier rangées dans des pochettes (les dossiers), elles-mêmes placées dans un meuble de rangement (le disque dur).

Bibliothèques, dossiers et fichiers sont les trois maîtres mots pour éviter le capharnaüm sur votre ordinateur.

Pour n'en perdre aucun et localiser instantanément ceux dont vous avez besoin, vous devez absolument les organiser rigoureusement ; c'est ce à quoi nous nous attacherons dans la prochaine section de ce chapitre. Dans l'immédiat, sachez juste que Windows s'est mis en quatre pour vous offrir une solide base de départ.

En effet, il vous a déjà créé plusieurs grands dossiers appelés **bibliothèques**, comme la bibliothèque **Images** pour vos photos, et **Musique** pour vos chansons. Et surtout, il inclut un programme conçu spécialement pour parcourir et les manipuler vos fichiers, dossiers et bibliothèques : l'**Explorateur**. C'est lui qui sera votre humble serviteur tout au long de ce chapitre !

TOUT PREMIERS PAS

Accédez à vos dossiers et fichiers personnels

1 Bien qu'il s'agisse d'un programme classique, l'Explorateur peut être démarré indifféremment et tout aussi vite depuis les deux environnements de Windows : il suffit d'enfoncer simultanément les touches **`Windows`** et **`E`** du clavier. Allez-y !

Cela étant, si vous n'êtes pas très à l'aise avec le clavier, il reste les voies classiques : soit cliquer du bouton droit au bas de l'écran d'accueil, puis du bouton gauche sur **Toutes les applications** dans la barre des tâches et, finalement, sur **Explorateur Windows** ; soit cliquer sur l'icône vers le début de la barre des tâches du bureau.

2 L'Explorateur apparaît. Sa fenêtre 100 % classique se scinde en deux grandes zones : le *volet de navigation*, à gauche, qui liste les principaux lieux et supports de stockage de votre ordinateur sous une forme arborescente, et la partie centrale qui affiche tous les éléments présents à l'endroit sélectionné dans le volet. Ce lieu est également indiqué dans la barre de titre et dans la *zone d'adresse*, juste sous le ruban (s'il est affiché) ou la barre de menus : impossible de se tromper !

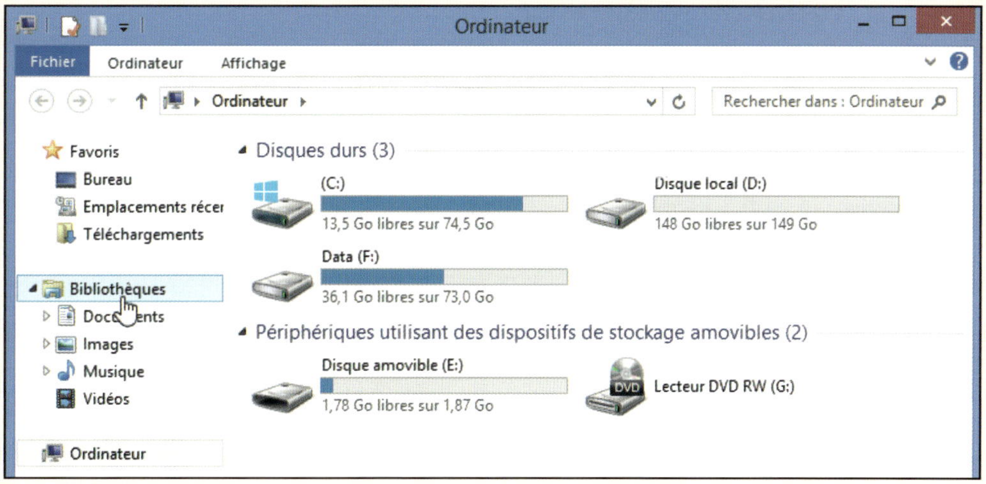

Ici, l'Explorateur présente l'emplacement **Ordinateur** et affiche en conséquence tous les lecteurs de votre machine dans sa partie centrale. Pour afficher vos fichiers personnels, vous devez accéder à vos bibliothèques. Dans le volet de navigation, donc, cliquez sur **Bibliothèques**.

3 La barre de titre et la zone d'adresse indiquent désormais « Bibliothèques », et les bibliothèques créées par Windows à votre intention apparaissent au centre de la fenêtre : vos fichiers personnels ne sont plus très loin. La preuve : ouvrez l'une des bibliothèques en double-cliquant dessus dans la zone centrale.

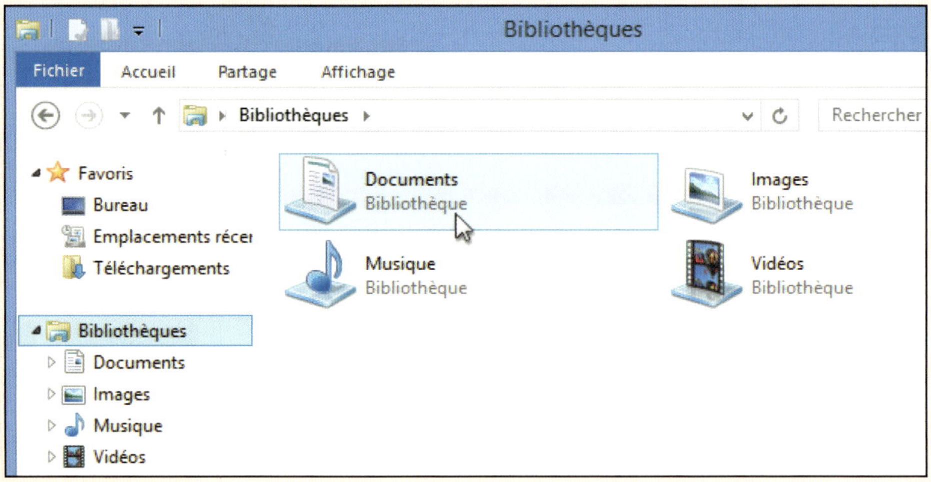

4 Le centre de la fenêtre affiche maintenant les éléments contenus dans la bibliothèque choisie, et le nom de celle-ci apparaît dans la barre de titre et la zone d'adresse. Selon le même principe qu'à l'étape 3, vous pouvez double-cliquer sur n'importe quel fichier au centre de la fenêtre pour l'ouvrir dans le programme adapté à sa lecture (par exemple, un double clic sur un cliché démarre automatiquement l'application Photos).

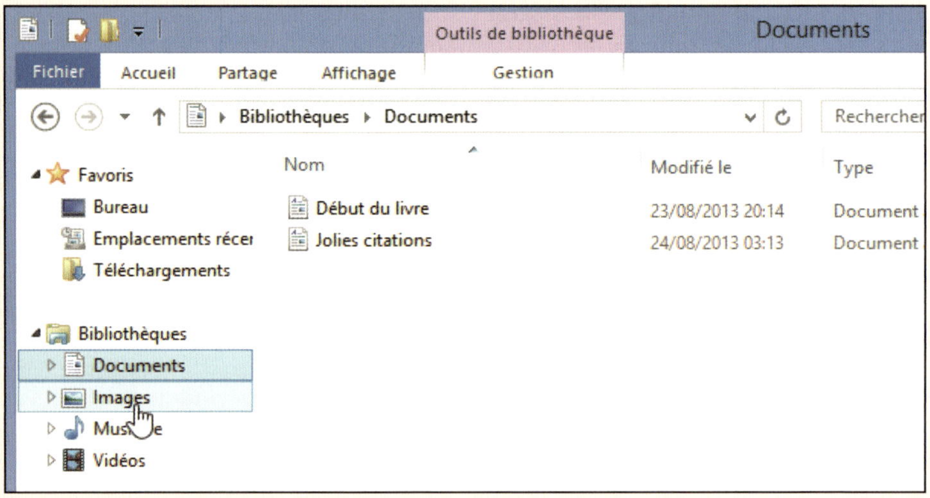

Mais puisque l'objectif, ici, est surtout de vous familiariser avec la navigation dans l'Explorateur, je vous invite plutôt à ouvrir une autre bibliothèque, puis à faire marche arrière d'un clic sur le bouton **Précédente** devant la zone d'adresse.

COUP DE POUCE !

Optimisez la présentation de l'Explorateur

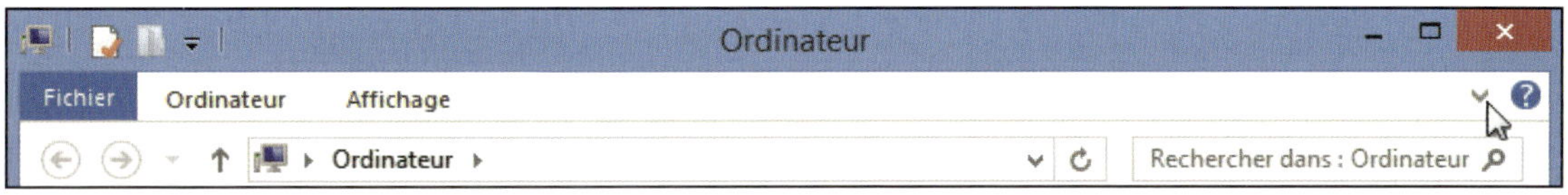

Pour vous faciliter la tâche, l'Explorateur fait régulièrement évoluer l'apparence des composants et du contenu de sa fenêtre en fonction de vos activités. Par exemple, au départ, il masque le ruban pour vous laisser voir un maximum de fichiers et de dossiers à la fois. Intention louable, mais contreproductive, car vous aurez sans cesse besoin des commandes du ruban. Affichez donc celui-ci en cliquant sur la petite flèche orientée vers le bas à la fin de la barre de menus.

Ensuite, choisissez pour les fichiers une présentation adaptée à l'action que vous devez accomplir : par exemple, **Grandes icônes** est idéale pour des clichés, puisqu'elle en donne un aperçu, mais **Détails** est préférable pour des documents, car elle fournit des informations à leur sujet. Pour sélectionner l'affichage souhaité, cliquez dessus dans le groupe **Disposition** de l'onglet **Affichage** du ruban.

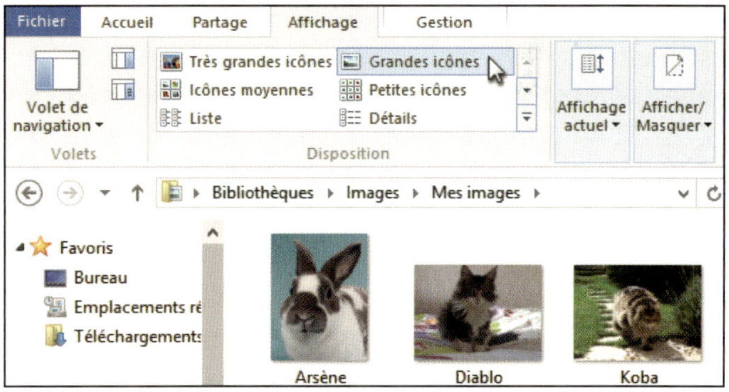

Organisez le contenu de votre ordinateur

Jamais vous ne rangeriez vos pullovers avec vos assiettes à dessert. Alors, soyez aussi logique sur votre ordinateur et ne stockez pas vos photos de Paris au même endroit que les chansons de Lynda Lemay !

Bien sûr, vous devez placer chacun de vos fichiers dans la bibliothèque correspondant à son type : les clichés dans la bibliothèque **Images**, et les chansons dans la bibliothèque **Musique**, par exemple. Mais cela ne suffit pas : au sein de chaque bibliothèque, il faut en plus créer des dossiers thématiques et, dans ces derniers, des *sous-dossiers*. Par exemple, si vous rentrez d'un séjour à la Capitale avec des dizaines de photos, vous devrez prévoir un dossier « Paris » dans la bibliothèque **Images**, puis des sous-dossiers tels que « Tour Eiffel », « Louvre » et « Ile de la Cité ».

TOUT PREMIERS PAS

Créez un dossier

1 Après avoir démarré l'Explorateur et ouvert le lecteur ou dossier où créer votre dossier, cliquez sur le bouton **Nouveau dossier** dans l'onglet **Accueil** du ruban. (Si celui-ci est masqué, souvenez-vous qu'il suffit de cliquer sur la flèche à la fin de la barre de menus pour l'afficher.)

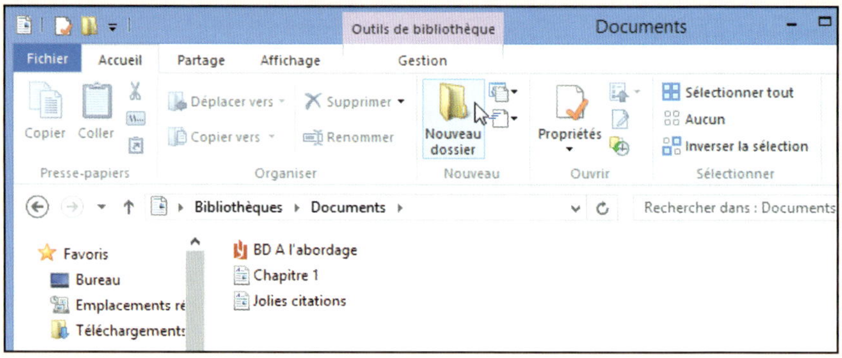

2 Un nouveau dossier apparaît, doté du nom provisoire « Nouveau dossier » : impossible d'en rester là ! D'ailleurs, cet intitulé est déjà sélectionné dans un encadré, comme une invitation à le modifier : profitez-en et tapez une appellation explicite, puis appuyez sur la touche **Entrée**.

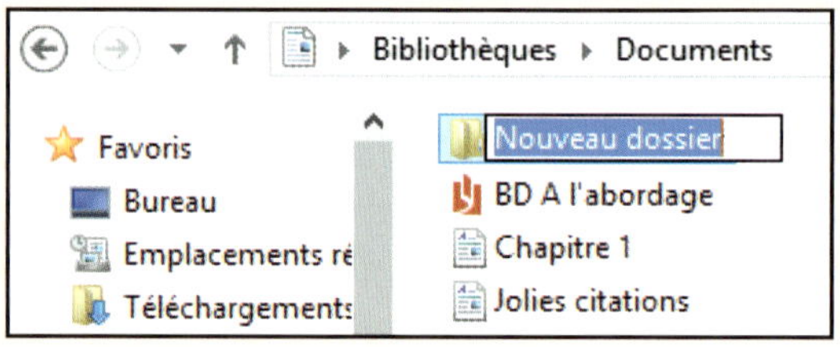

Créer des dossiers n'est évidemment qu'une première étape : ensuite, il faut les remplir ! Pour cela, deux solutions : enregistrer des fichiers directement dedans (comme nous l'avons fait avec votre document au chapitre 4) ou y déplacer des fichiers stockés ailleurs temporairement. Ce second cas de figure se produit régulièrement avec des clichés que vous copiez de votre appareil photo directement dans la bibliothèque **Images**.

TOUT PREMIERS PAS

Déplacez un fichier

1 Toujours dans l'Explorateur, cliquez sur un fichier que vous voulez stocker à un autre endroit, afin de le sélectionner.

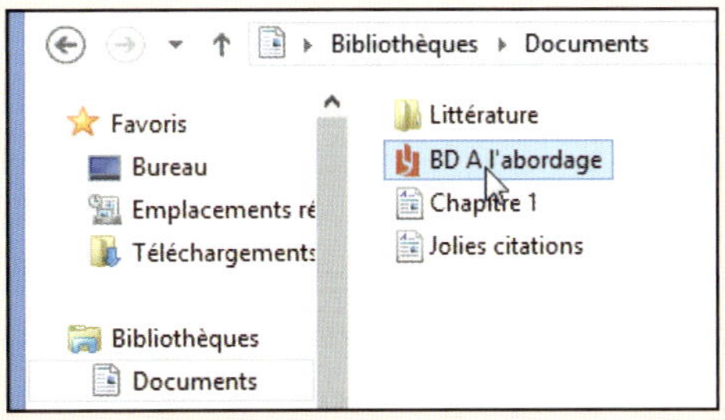

2 Dans l'onglet **Accueil** du ruban, cliquez sur le bouton **Déplacer vers** .

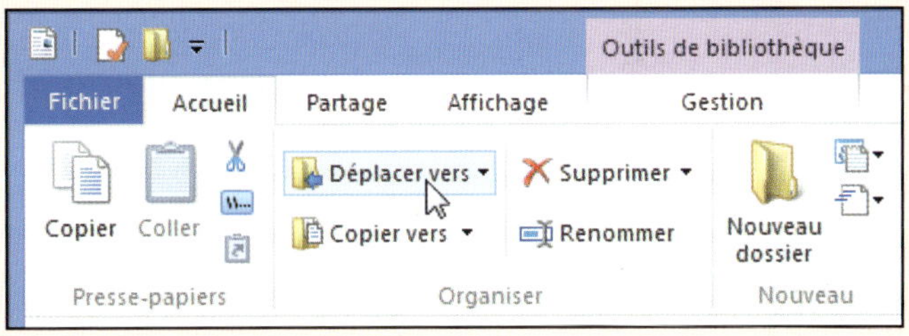

3 Un panneau apparaît et propose plusieurs destinations possibles.

- Si l'endroit où vous voulez stocker le fichier est visible, cliquez dessus.
- Sinon, cliquez sur **Choisir un emplacement** et parcourez l'arborescence au centre de la boîte de dialogue **Déplacer les éléments** pour accéder au lieu de stockage souhaité : vous pouvez afficher des sous-dossiers masqués en cliquant sur la petite flèche blanche ▷ devant le nom du dossier qui les contient. Au final, cliquez sur le lieu de destination, puis sur le bouton **Déplacer**.

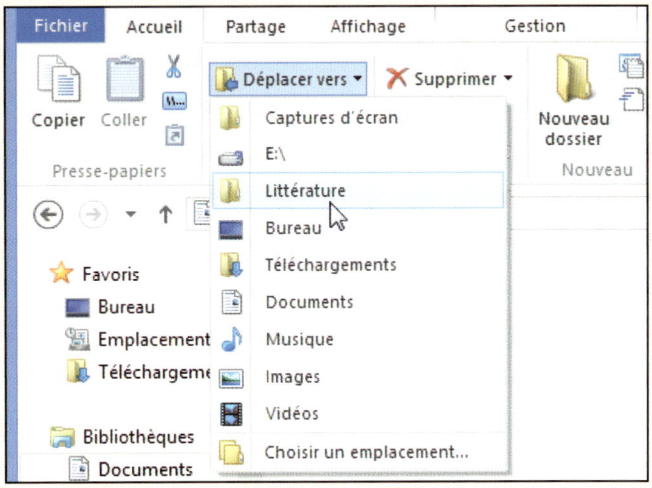

Dans un cas comme dans l'autre, le fichier disparaît de son emplacement de départ pour se retrouver dans celui que vous venez d'indiquer à l'Explorateur.

Voici donc vos fichiers rangés aux bons endroits. Mais saurez-vous les identifier pour autant ?

Bien sûr, s'il s'agit de documents que vous avez enregistrés personnellement, comme au chapitre 4, pas de problème, puisque vous leur avez donné un nom explicite. Mais dans le cas de clichés copiés de votre appareil photo, par exemple, la situation est toute autre : là, vos fichiers s'appellent « PCT28391 » ou « IMG100365 ». Une fois de plus, vous devez agir et les *renommer* en leur donnant un intitulé aussi explicite mais bref que possible.

TOUT PREMIERS PAS

Renommez un fichier

1 Sans quitter l'Explorateur qui vous accompagne depuis le début de ce chapitre, ouvrez la bibliothèque ou le dossier qui contient le fichier à doter renommer et cliquez sur celui-ci.

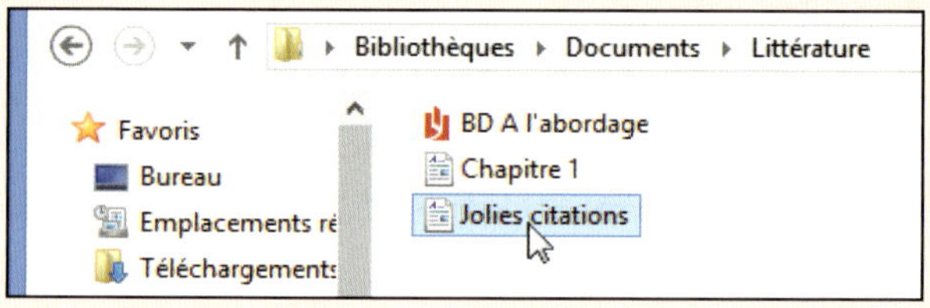

2 Dans l'onglet **Accueil** du ruban, cliquez sur le bouton **Renommer**.

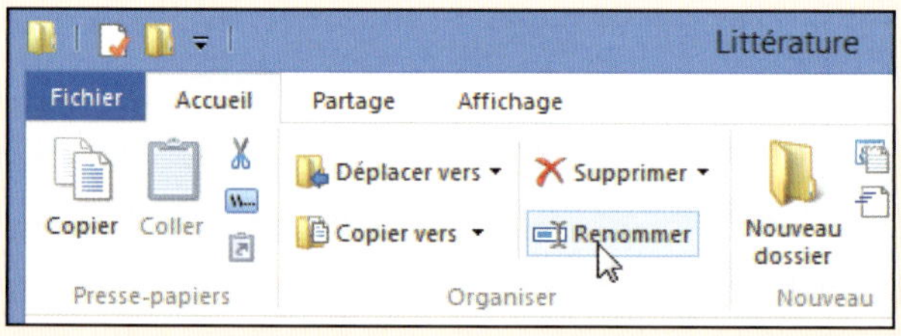

3 Le nom se retrouve sélectionné dans un encadré : rien que vous ne connaissiez déjà ! Alors, tapez la nouvelle appellation voulue et appuyez sur la touche **Entrée**.

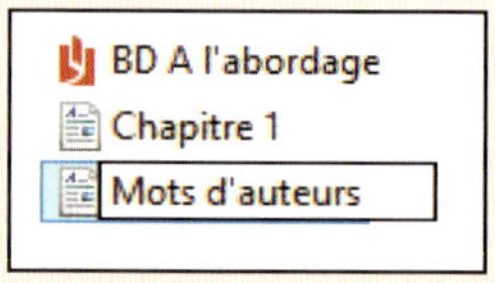

COUP DE POUCE !

Un de perdu… un de retrouvé !

Même en étant très organisé, il vous arrivera parfois de ne plus vous rappeler le lieu de stockage de certains fichiers. Pas de panique, alors : Windows a tout prévu !

Que vous soyez dans l'environnement moderne ou classique, pointez l'angle inférieur droit de l'écran et cliquez sur l'icône de loupe **Rechercher**, tout en haut de la barre des contrôles. Dans la partie supérieure du volet **Rechercher** qui s'affiche à droite, cliquez sur **Fichier**, tapez au moins une partie du nom du fichier égaré et cliquez sur l'icône de loupe. Tous les fichiers concordants s'affichent au centre de l'écran : il ne vous reste plus qu'à cliquer sur le bon !

Faites le ménage

Bien organiser le contenu de votre ordinateur est absolument indispensable. Mais pour ne pas perdre le bénéfice de ce classement, vous devez veiller à ne pas encombrer vos bibliothèques de dossiers et fichiers inutiles. Sinon, l'accès aux documents ou photos dont vous aurez besoin sera moins immédiat, et les tâches de gestion plus compliquées. Exactement comme si vous conserviez dans votre armoire des tas de vêtements usés que vous ne mettez plus !

Et avec Windows, vous auriez vraiment tort de jouer les fétichistes, car les éléments que vous supprimez du disque dur sont envoyés dans la Corbeille. Du coup, tant que vous n'avez pas vidé cette dernière, vous pouvez y récupérer n'importe quel document, cliché ou même dossier effacé à tort quelques minutes ou semaines plus tôt.

Mais j'insiste : uniquement si l'élément en question figurait sur le disque dur. Car pour ceux qui sont stockés sur un support amovible, comme une *clé USB* (petit dispositif de la taille d'un briquet), l'effacement est immédiat et irrémédiable : pas de seconde chance !

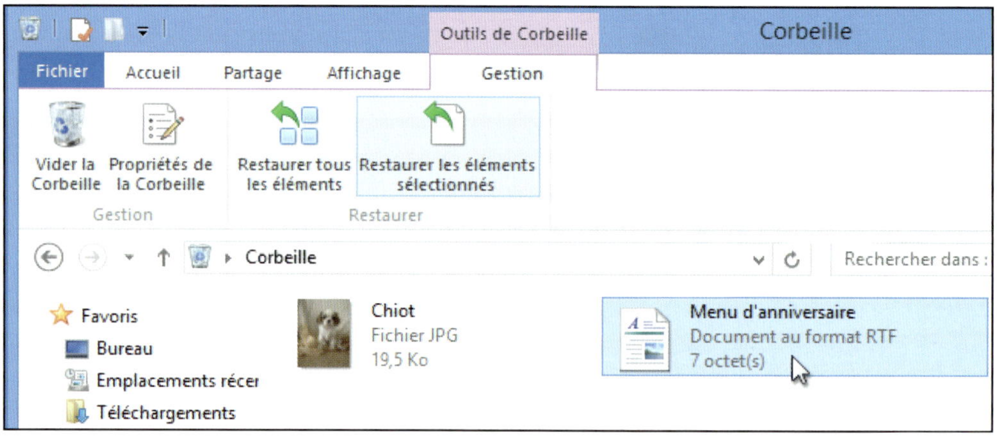

Qu'il s'agisse de votre corbeille à papiers ou de la Corbeille de Windows, vous pouvez « fouiller » dedans pour y récupérer des éléments jetés à tort (mais vos fichiers ne seront jamais froissés !), et vous devez la vider régulièrement.

- Pour **supprimer un fichier**, cliquez dessus dans l'Explorateur et appuyez sur la touche **Suppr** du clavier. S'il était stocké sur le disque dur, il s'envole vers la Corbeille ; sinon, un message vous demande de confirmer sa suppression définitive : cliquez alors sur **Oui** uniquement à condition d'être bien sûr de vous.

- Pour **récupérer un fichier supprimé**, commencez par ouvrir la Corbeille : double-cliquez sur son icône sur le bureau ou, si l'Explorateur est déjà ouvert, cliquez sur la première flèche ▸ au début de la zone d'adresse, puis sur **Corbeille** dans le menu qui s'affiche. Ensuite, cliquez sur le fichier effacé à tort, puis sur le bouton **Restaurer les éléments sélectionnés**  dans le ruban. Le fichier se retrouve instantanément à l'endroit où il était stocké avant sa suppression.

- Pour **vider la Corbeille** et donc effacer son contenu à jamais (un peu comme si vous vidiez la poubelle de votre appartement dans le vide-ordures de l'immeuble), ouvrez-la et vérifiez qu'elle ne contient pas de fichier à conserver ; une fois sûr de vous, cliquez sur le bouton **Vider la Corbeille** dans le ruban, puis sur **Oui** pour confirmer la procédure. Essayez de vider la Corbeille tous les mois, car lorsqu'elle est pleine, Windows supprime arbitrairement les plus anciens fichiers pour accueillir les nouveaux.

Gagnez du temps grâce au travail de groupe

Qui va doucement va sûrement : c'est pourquoi, jusqu'à présent, je ne vous ai fait manipuler qu'un seul fichier à la fois. Mais maintenant que vous maîtrisez parfaitement les principales tâches de gestion, vous devez absolument découvrir comment traiter plusieurs fichiers en même temps. Sinon, vous perdrez un temps fou et vous lasserez vite des procédures répétitives.

Eh oui, imaginez que vous vouliez déplacer huit chansons dans le même sous-dossier de la bibliothèque **Musique** ou donner à douze photos le même nom de base, suivi d'un numéro de série (comme « Louvre 1 », « Louvre 2 », *etc.*) : devrez-vous réaliser 8 ou 12 fois exactement la même action ? Non, heureusement ! Vous pouvez commencer par sélectionner tous les fichiers qui doivent subir le même traitement, puis exécuter la commande requise une seule fois sur le groupe : elle sera alors appliquée à chaque fichier sélectionné. Ouf !

Pour gagner du temps, vous manipulez sans doute souvent plusieurs objets à la fois dans la « vraie » vie (en mettant 3 livres dans une valise ou en sortant 5 fourchettes d'un tiroir, par exemple) : alors, faites de même avec vos fichiers !

Mais avant de vous lancer, vous devez être capable d'annuler une sélection. Sinon, comment ferez-vous si vous avez sélectionné les mauvais fichiers ou après avoir accompli la tâche souhaitée ? Donc retenez bien ceci : pour désélectionner un ou plusieurs fichiers, il suffit de cliquer dans une zone vide hors de la sélection. Élémentaire !

TOUT PREMIERS PAS

Sélectionnez des fichiers adjacents

1 Toujours dans ce bon vieil Explorateur, cliquez sur le premier fichier à sélectionner.

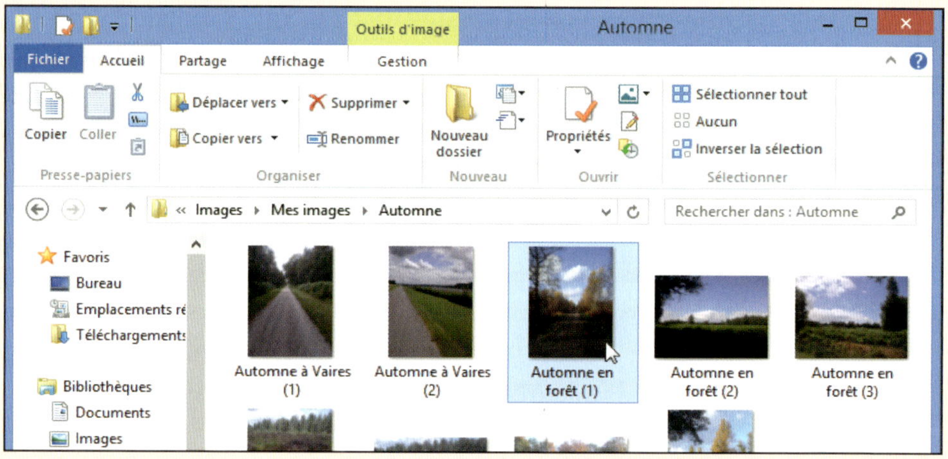

2 Appuyez sur la touche **Maj** du clavier et ne la relâchez pas.

3 En gardant toujours la touche `Maj` enfoncée, cliquez sur le dernier fichier à sélectionner, puis relâchez la touche. Les deux fichiers sur lesquels vous avez cliqué et tous ceux qui se trouvent entre eux sont désormais sélectionnés.

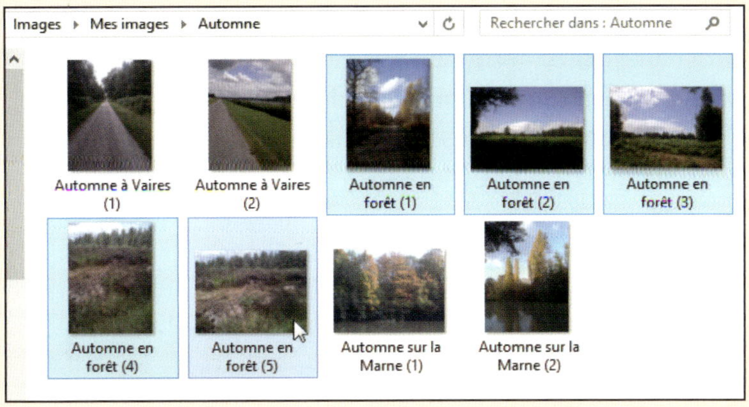

TOUT PREMIERS PAS

Sélectionnez des fichiers disséminés

1 On ne change pas une équipe qui gagne ! Dans l'Explorateur, cliquez sur l'un des fichiers à sélectionner.

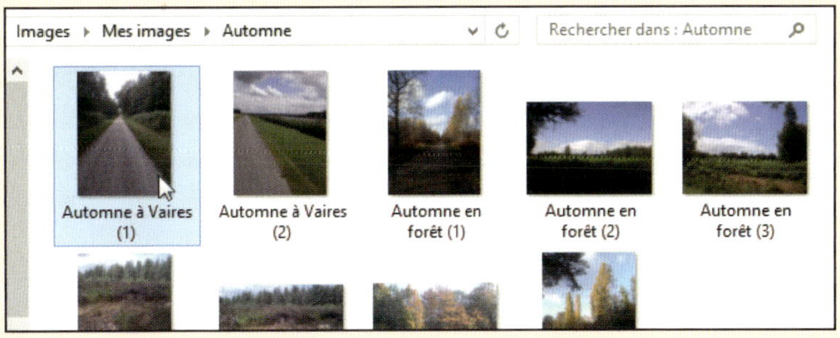

2 Appuyez sur la touche `Ctrl` du clavier et ne la relâchez pas.

3 En gardant toujours la touche `Ctrl` enfoncée, cliquez sur chaque autre fichier à sélectionner, puis relâchez la touche. Tous les fichiers sur lesquels vous avez cliqué sont maintenant sélectionnés.

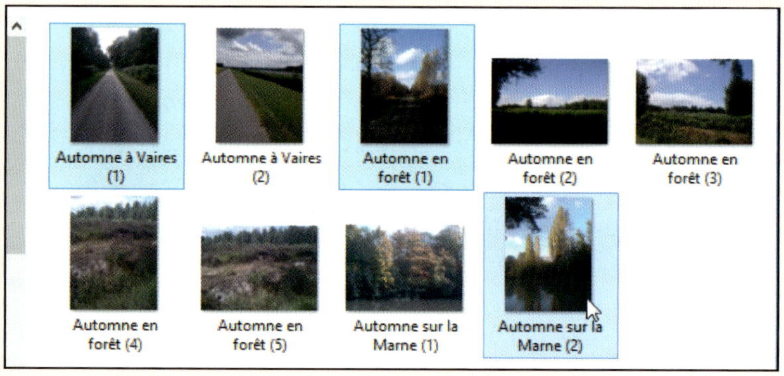

TOUT PREMIERS PAS

Sélectionnez tout le contenu d'un dossier

1 Après avoir ouvert un dossier dans l'Explorateur, vous pouvez en sélectionner instantanément tous les fichiers et même dossiers qu'il contient : cliquez juste sur le bouton **Sélectionner tout** dans l'onglet **Accueil** du ruban.

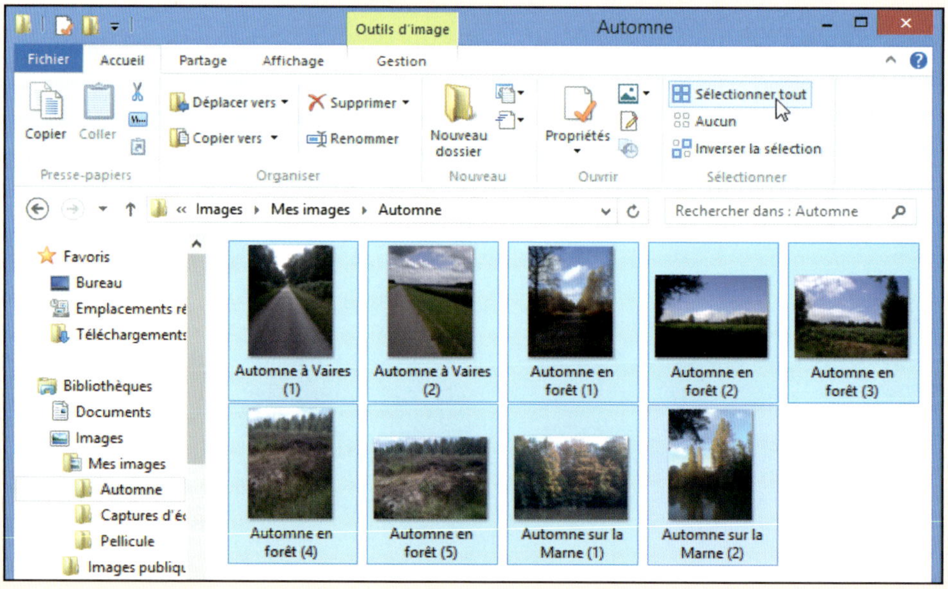

TESTEZ-VOUS !

Avez-vous retenu les trois mots essentiels de ce chapitre ?

1

D'après vous, s'agit-il…

- **a** D'un bloc d'informations de même nature (document, image, *etc.*) stocké sur un support informatique ?
- **b** D'un dispositif de stockage réservé à vos documents ?
- **c** Du document où Windows enregistre toutes vos activités informatiques ?

2

D'après vous, s'agit-il…

- **a** De la librairie en ligne de Microsoft ?
- **b** D'un super dossier créé par Windows pour le stockage de vos documents, images, *etc.* ?
- **c** De l'application dédiée à la lecture de livres numériques ?

3

D'après vous, s'agit-il…

- **a** D'une application proposée sur le site de Microsoft et dédiée aux loisirs créatifs ?
- **b** Du lieu de stockage sur votre ordinateur où sont conservés tous les éléments effacés du disque dur ?
- **c** D'un service de vente de matériel informatique d'occasion ?

Réponses : 1 : a, 2 : b, 3 : b

Chapitre 8

Touchez du doigt le monde multimédia

Encore un bon moment de détente en perspective avec ce chapitre ! Photo, musique, vidéo : vous profiterez vraiment de toutes les facettes du multimédia. Et pour un maximum de convivialité, vous le ferez directement depuis l'écran tactile de votre ordinateur !

Ainsi, à la fin de ce chapitre, vous saurez, entre autres :

➔ Mettre en œuvre les principales techniques tactiles

➔ Exploiter vos photos numériques

➔ Écouter de la musique et regarder des vidéos

Convivialité maximale grâce à votre écran tactile

N'aborder les techniques tactiles qu'au chapitre 8 peut vous sembler bien tardif. Mais les activités traitées jusqu'à présent, comme la création de documents, l'échange de courriels ou la gestion de fichiers ne se prêtaient pas vraiment à cette manière d'agir. Alors qu'avec les applications multimédias, il n'y a rien de mieux : par exemple, quelle joie de pouvoir faire défiler vos photos de vacances en effleurant juste l'écran !

Commençons donc par passer les principales techniques en revue. Ainsi, vous pourrez à tout moment utiliser ce début de chapitre comme pense-bête. Et si l'écran de votre ordinateur n'est pas tactile, rassurez-vous : vous pourrez quand même profiter du multimédia. Il vous suffira de cliquer comme vous l'avez fait jusqu'à maintenant !

Toucher

Le B A ba absolu du tactile, puisque toucher un élément consiste juste à **poser brièvement votre doigt** dessus ! Cette action équivaut presque toujours à un clic classique. Par exemple, toucher une vignette de l'écran d'accueil démarre l'application correspondante, et toucher une icône au début de la barre des tâches du bureau ouvre le programme associé.

Et l'effet du clic droit, alors : s'obtient-il avec l'index droit ? Pas du tout ! Peu importe la main choisie, l'essentiel est de garder le doigt posé sur l'élément concerné pendant plusieurs secondes ; souvent, un cadre temporaire finit par s'affiche autour de votre doigt. Par exemple, si vous maintenez le contact assez longtemps sur un fichier dans l'Explorateur de Windows, un menu contextuel avec différentes commandes de gestion apparaît dès que vous relevez votre doigt.

Balayer

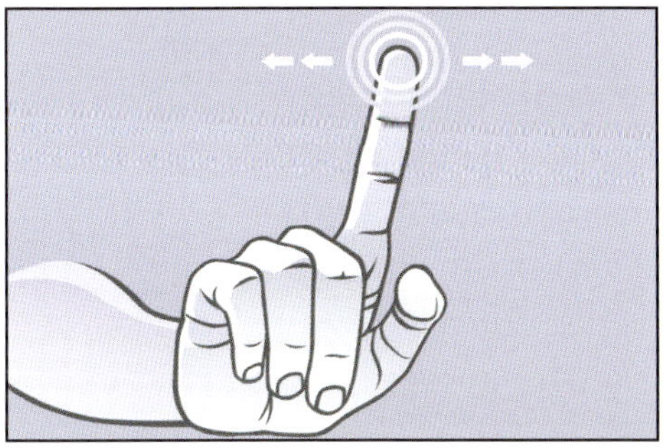

Une dénomination imagée pour désigner une action qui consiste à **faire glisser un ou plusieurs doigts** de quelques centimètres sur l'écran dans la direction requise. Le plus souvent, cela permet d'afficher des objets qui étaient masqués, de faire défiler un contenu ou de déplacer des éléments. Selon les situations, un balayage avec un seul doigt peut produire un autre effet qu'avec quatre doigts.

Dans tous les cas, balayer l'écran d'accueil ou le bureau depuis le bord droit de l'écran « physique » vers la gauche affiche la barre des contrôles à droite. Et quand une partie des vignettes de l'écran d'accueil est masquée, vous pouvez y accéder en balayant simplement le bas de l'écran vers la gauche.

Écarter et pincer

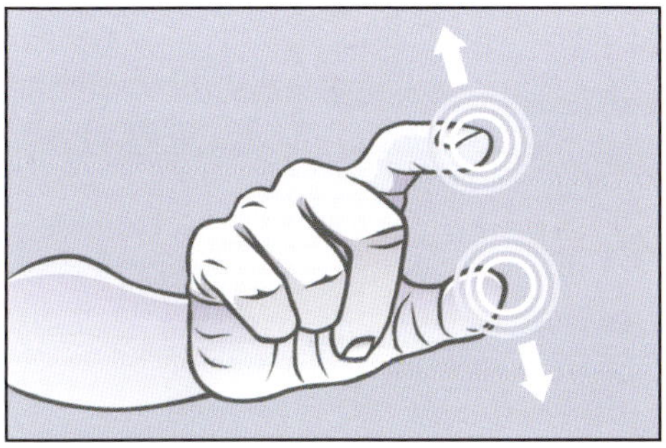

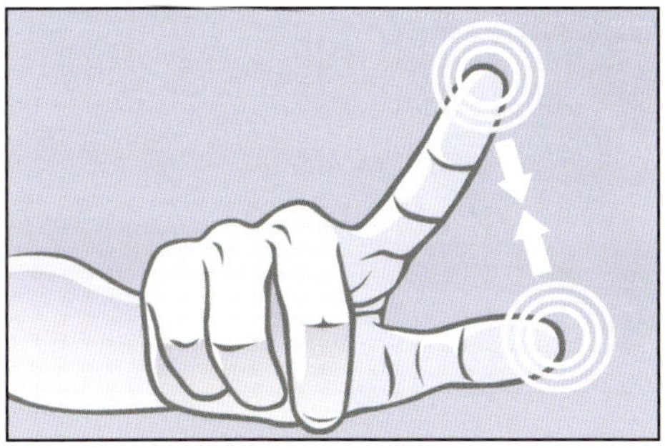

Deux actions contraires, puisque la première (écarter) consiste à poser au moins deux doigts d'une main serrés sur l'écran et à les **écarter en les faisant glisser sur l'écran**, tandis que la seconde (pincer) consiste à poser vos doigts écartés, cette fois, et à les **rapprocher en les faisant glisser**. Les résultats obtenus sont inverses, eux aussi, car un écartement permet généralement d'agrandir l'affichage, et un pincement, de le réduire.

Ainsi, dans l'application Photos, vous pouvez zoomer sur un détail d'un cliché en écartant vos doigts sur la zone concernée, puis retrouver l'intégralité de l'image en pinçant. Facile, non ?

Mais si vous voulez varier les plaisirs, vous pourrez souvent obtenir les mêmes résultats en *tapotant* l'écran deux fois rapidement. Par exemple, quand le texte d'une page Web vous paraît trop petit, n'hésitez pas à tapoter deux fois dessus pour l'agrandir et le rendre plus lisible. Ensuite, il vous suffira de répéter cette action pour revenir à la taille standard.

Profitez pleinement de vos photos

Rien ne vaut un ordinateur pour obtenir le meilleur de vos photos et leur offrir la grande vie. En effet, il est bien le seul à vous permettre à la fois de regarder vos clichés sur grand écran, d'améliorer ceux qui sont un peu ratés, d'envoyer les plus réussis par courriel à vos amis et d'en exposer sur l'Internet (entre autres !).

Bien sûr, certaines de ces tâches nécessitent des programmes spécifiques. Mais dans un premier temps, l'application Photos intégrée à Windows 8 fera votre bonheur, puisqu'elle vous permettra de transférer vos clichés de votre APN (appareil photo numérique) sur votre ordinateur et de les admirer sous tous les angles.

TOUT PREMIERS PAS

Copiez vos photos numériques sur votre ordinateur

1 La première action que vous devez accomplir dépend de votre équipement.

- Si votre ordinateur est doté d'un lecteur de cartes mémoire adapté (soit intégré, soit amovible et alors branché sur une prise USB, marquée du symbole), insérez la carte de votre appareil photo dedans.
- Sinon, branchez votre APN sur une prise USB de votre ordinateur grâce au câble fourni avec votre appareil photo, allumez-le et basculez-le en mode Lecture.
- Ou si votre APN est compatible avec le Wi-Fi, allumez-le, de façon que votre ordinateur le détecte et s'y connecte.

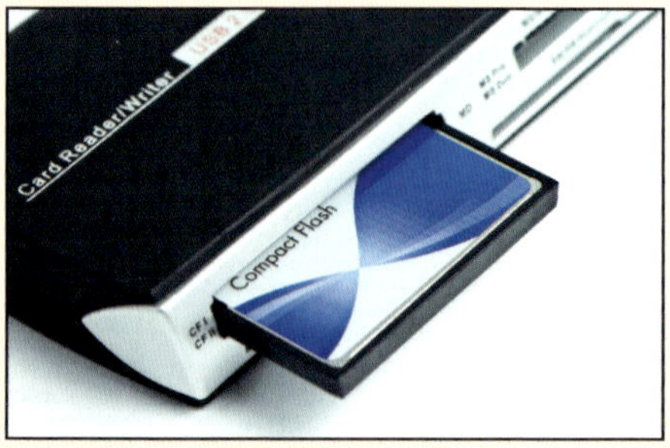

Notez également que si vous prenez régulièrement des photos avec votre téléphone mobile, vous pouvez facilement les transférer sur votre ordinateur en utilisant l'une des deux dernières techniques citées. Il vous faudra juste parfois installer en plus un programme adapté, fourni avec votre mobile ou à télécharger sur le site Web de son fabricant.

2 Dès que votre ordinateur détecte la carte mémoire ou votre APN, il affiche une infobulle dans l'angle supérieur droit pour vous permettre d'accéder directement à la liste des tâches réalisables à partir de ce nouveau support : touchez-la. Autrement dit : posez brièvement votre plus bel index sur cette infobulle ! Et si vous ne possédez pas d'écran tactile, un clic classique fera l'affaire !

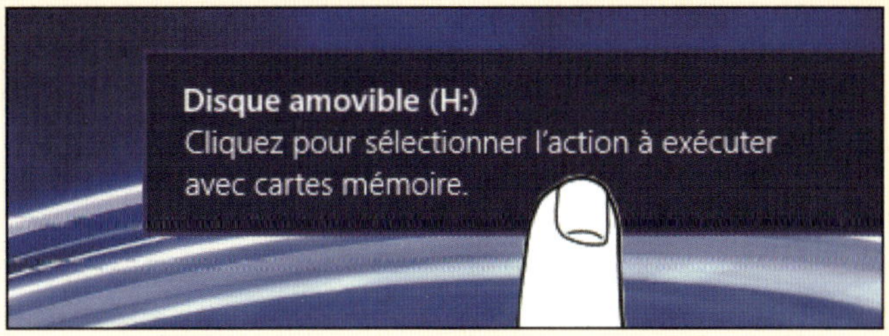

3 Un panneau apparaît et propose différentes actions possibles : puisque l'objectif est de copier vos clichés sur votre ordinateur grâce à l'application Photos, touchez **Importer des photos et des vidéos**.

4 L'application Photos démarre et affiche tous les clichés stockés sur la carte mémoire. Pour vous faire gagner du temps, elle les a même déjà sélectionnés, comme le montre la coche dans l'angle supérieur droit de leur vignette : vous n'avez plus qu'à lancer leur copie sur votre ordinateur en touchant **Importer** !

Néanmoins, rien ne vous oblige à transférer tous les clichés : si vous voulez exclure certains d'entre eux de la procédure, touchez leur miniature pour les décocher.

5 L'application Photos crée un nouveau dossier dans la bibliothèque **Images**, lui donne comme nom la date d'aujourd'hui et y copie tous les clichés sélectionnés à l'étape 4. Une fois qu'elle a terminé, elle vous en informe : touchez **Ouvrir le dossier** pour accéder immédiatement aux photos désormais stockées sur votre ordinateur.

Les premières d'entre elles apparaissent effectivement ; pour les regarder, passez directement à l'étape 3 du prochain « Tout premiers pas ».

TOUT PREMIERS PAS

Regardez vos photos

1 Après l'application Photos gestionnaire, découvrons l'application Photos visionneuse. Et cela commence dès l'écran d'accueil, puisque sa vignette change régulièrement d'apparence, affichant successivement toutes les illustrations contenues dans la bibliothèque **Images**. Sans vous laisser déconcentrer, touchez cette vignette.

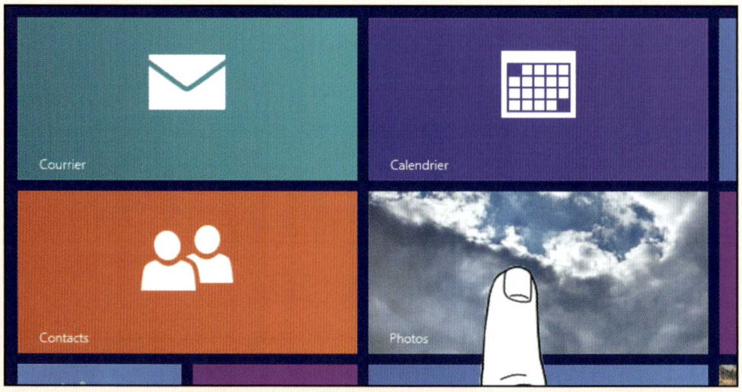

Là encore, je vous propose d'agir directement depuis l'écran tactile pour plus de convivialité, mais si vous n'en possédez pas, cliquer sur la vignette reviendra au même ! Seconde précision d'importance : si vous venez de copier vos clichés sur votre ordinateur, vous échappez aux deux premières étapes de ce « Tout premiers pas », puisque l'application Photos démarre automatiquement et affiche sans attendre vos toutes nouvelles prises de vue. Super !

2 La page d'accueil de l'application Photos s'affiche, proposant dans sa partie inférieure différentes sources possibles pour les clichés à regarder : dans l'immédiat, touchez la vignette **Bibliothèque d'images** (elle, aussi, véritable caméléon !).

3 Le contenu de la bibliothèque **Images** apparaît. Certaines photos sont déjà visibles, mais celles qui figurent dans des dossiers (comme celui créé lors du « Tout premiers pas » précédent) se font désirer : pour y accéder, vous devez d'abord toucher le dossier requis pour l'ouvrir.

Ensuite, vous pouvez faire défiler les clichés devant vous en les balayant latéralement (c'est-à-dire en faisant glisser votre doigt sur l'écran d'un côté à l'autre) ou en afficher un maximum à la fois en pinçant l'écran avec tous vos doigts (autrement dit, en les posant écartés sur l'écran, puis en les resserrant sans quitter l'écran) : les photos apparaissent alors sous la forme de petites vignettes.

À cet égard, notez que si vous utilisez la souris, vous devez d'abord la bouger pour faire sortir de l'ombre au bas de l'écran une barre de défilement et deux petits signes Moins et Plus, puis cliquer sur ceux-ci pour basculer entre les deux tailles d'affichage.

4 Quand vous repérez un cliché qui vous plaît, touchez-le pour l'afficher en plein écran et l'apprécier ainsi à sa juste valeur.

5 La photo investit tout l'écran : magnifique ! Mais pensez aux autres…

- Si vous voulez découvrir à votre rythme la photo suivante ou précédente, balayez l'écran d'un doigt vers la gauche ou la droite.
- Si vous préférez confier à Windows le soin de diffuser les clichés un à un, balayez l'écran depuis son bord inférieur vers le haut pour afficher la barre des tâches, puis, à la fin de celle-ci, touchez l'icône **Diaporama** . Les photos se mettent alors à défiler automatiquement : profitez du spectacle ! Et quand vous voudrez l'arrêter, appuyez sur la touche **Echap** dans l'angle supérieur gauche du clavier pour retrouver la fenêtre classique de l'application.

COUP DE POUCE !

Accédez à vos photos publiées sur le Web

Si vous possédez un compte sur le site de partage de photos Flickr et/ou sur le réseau social Facebook, vous pouvez les consulter directement depuis l'application Photos. Juste après avoir démarré celle-ci, touchez **Afficher les vôtres ici** dans la vignette adaptée au bas de la fenêtre et agissez en fonction de ce qui vous est demandé.

Par exemple, pour récupérer vos photos de Facebook, touchez **Connecter**, tapez l'adresse et le mot de passe qui vous servent d'habitude à vous connecter à votre compte Facebook, puis touchez **Connexion**.

Après avoir visionné vos photos une première fois, vous pouvez agir de diverses manières. Mais avant toute chose, vous devez effacer les clichés ratés pour ne pas encombrer inutilement votre bibliothèque **Images**. Dès que vous en repérez un à éliminer, donc, balayez l'écran depuis son bord inférieur vers le haut, puis touchez l'icône **Supprimer** dans la barre des tâches (Si votre écran n'est pas tactile, un petit clic droit au bas de l'image affichera cette précieuse barre.).

Dans un tout autre genre, vous pouvez aussi envoyer des photos à vos amis. Cette fois, balayez alors l'écran depuis son bord droit vers la gauche pour afficher la barre des contrôles, puis touchez successivement l'icône **Partager** et la commande **Courrier** : Windows crée un nouveau message qu'il ne vous reste plus qu'à finaliser et à expédier. Pratique ! Mais soyons clairs : dès que vous voudrez aller un peu plus loin et imprimer ou retoucher certains clichés, par exemple, vous devrez basculer dans l'environnement classique et recourir à des programmes comme Paint, inclus dans Windows.

Par rapport à son homologue classique, l'environnement moderne offre peu de manières d'exploiter vos photos (à part les regarder, bien sûr !).

Pour quelques notes de musique

Après le plaisir des yeux, celui des oreilles ! Que vous soyez amateur de variété française, de jazz ou de pop anglaise, peu importe : grâce à l'application Musique et au programme appelé *Lecteur Windows Media* intégrés à Windows 8, vous trouverez à coup sûr des morceaux à votre goût et pourrez les écouter tout en classant vos photos, par exemple.

Car ces deux produits sont vraiment complémentaires. L'application Musique vous plonge dans un univers musical en ligne inépuisable, où vous pouvez écouter gratuitement des centaines de chansons et, pourquoi pas, en acheter. Elle reste néanmoins aussi à votre service pour lire des morceaux stockés sur votre ordinateur, notamment dans la bibliothèque **Musique** : il vous suffit d'ouvrir celle-ci dans l'Explorateur de Windows et de tapoter deux fois sur la chanson souhaitée.

Plus casanier, le Lecteur Windows Media vous servira surtout à écouter des CD audio. En effet, dès que vous en insérez un dans le lecteur optique de votre ordinateur, une infobulle s'affiche dans l'angle supérieur droit de l'écran : touchez-la, puis **Lire un CD audio**, et le programme diffusera automatiquement les morceaux.

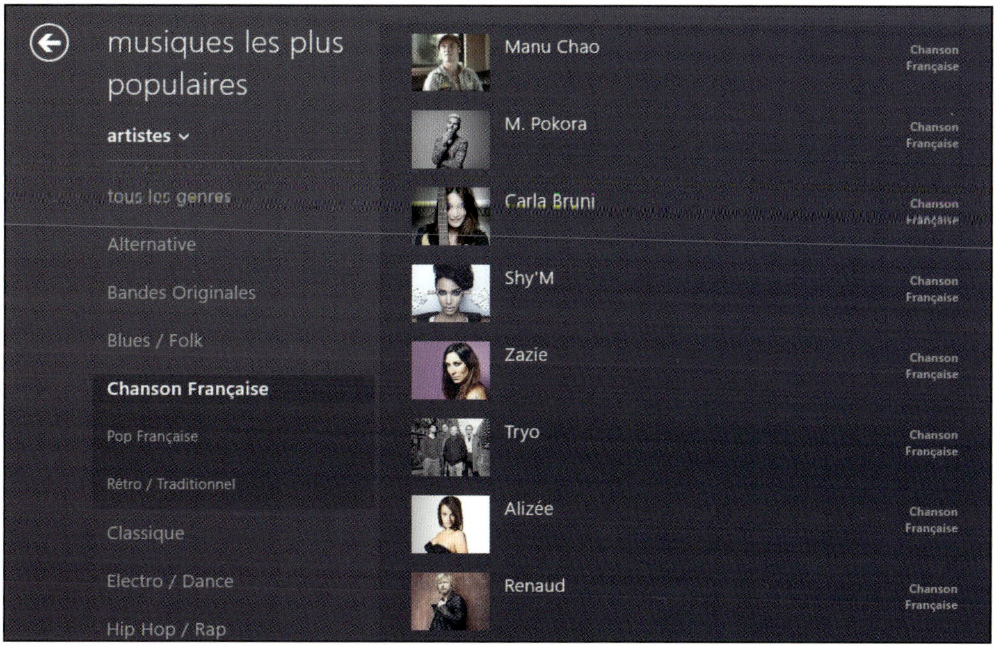

Avec Windows 8, votre chaîne hifi pourrait bien se retrouver au chômage technique, car il a tout prévu, de la simple écoute d'un CD audio à la découverte de centaines de morceaux en tous genres.

TOUT PREMIERS PAS

Recherchez et écoutez un morceau de musique

1 Pour profiter des formidables ressources de l'application Musique, démarrez-la en touchant sa vignette dans l'écran d'accueil. À moins qu'elle ne soit déjà en train de diffuser un morceau ? Dans ce cas, touchez juste l'icône en haut à gauche pour retrouver sa fenêtre standard.

2 L'application Musique prend place sur le devant de la scène et vous propose différents artistes : parcourez-les en balayant le bas de la fenêtre latéralement, puis touchez la vignette de celui que vous aimeriez écouter. (Si aucun interprète ne vous intéresse, touchez **toute la musique** en haut de la fenêtre ou un nom de rubrique spécifique pour accéder à un choix plus vaste.)

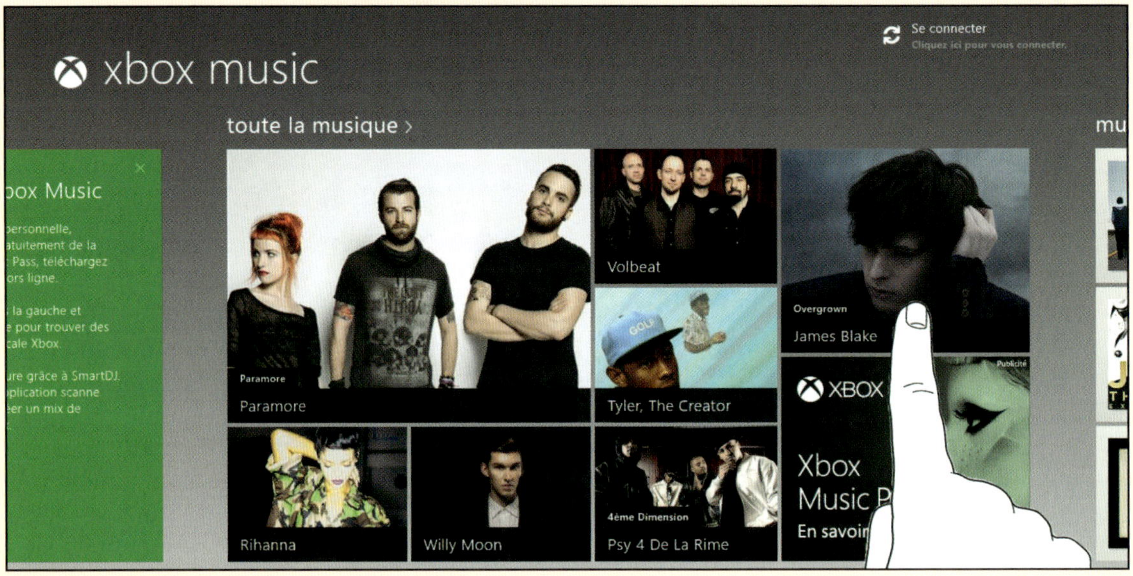

3 Tous les titres disponibles pour l'artiste choisi s'affichent : touchez celui que vous voulez écouter, puis l'icône **Lecture** ⊙ qui apparaît (si des noms d'albums sont aussi proposés, vous devez d'abord toucher celui qui vous intéresse pour accéder à ses morceaux).

Sauf intervention de votre part, l'application diffusera le titre choisi, puis enchaînera automatiquement sur les suivants ; mais vous pouvez demander dès le départ la lecture de tous les morceaux en touchant **Lire l'album** ⊙, dans la colonne gauche.

4 La gratuité a un prix… si j'ose dire ! En effet, la première fois, vous devez vous abonner au Xbox, ce qui vous permettra également de profiter des jeux : rien de compliqué, et pas un centime à débourser !

Touchez **Se connecter maintenant**, tapez l'adresse et le mot de passe de votre compte Microsoft, puis touchez le bouton **Enregistrer**. Ensuite, lisez la page qui s'affiche et permet de vous créer un profil Xbox, et touchez **J'accepte**. Microsoft vous crée un compte et vous attribue un pseudo pour jouer en ligne (techniquement appelé *gamertag*) ; touchez **Ok**.

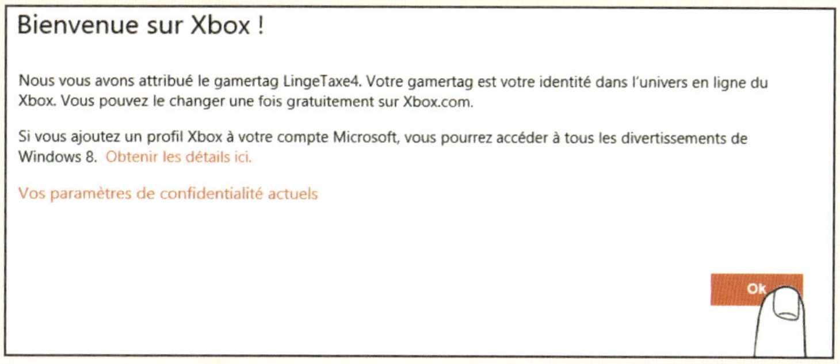

5 La diffusion démarre : si vous voulez intervenir dessus, balayez l'écran depuis son bord inférieur vers le haut pour afficher la barre des tâches, puis touchez l'icône appropriée. Par exemple, pour régler le son, touchez l'icône **Volume** et faites glisser le petit curseur noir sur le niveau souhaité dans la barre verticale qui apparaît. Et si vous voulez réécouter en boucle le morceau en cours tellement vous l'aimez, touchez l'icône **Options de lecture**, puis **Répétition**.

COUP DE POUCE !

Achetez de la musique en toute légalité

Si vous découvrez un album qui vous plaît beaucoup, vous pouvez l'acheter directement depuis l'application Musique. Pour ce faire, touchez **Acheter l'album** à l'étape 3 du « Tout premiers pas » précédent.

Puisque vous allez devoir mettre la main au porte-monnaie, vous devez vous identifier : tapez donc l'adresse et le mot de passe de votre compte, puis touchez **OK**. Windows vous permet ensuite d'éviter que votre mot de passe vous soit réclamé à chaque fois ; par sécurité, conservez la demande systématique et touchez donc directement **Suivant**.

La page **Confirmer l'achat** s'affiche. La première fois, vous devez toucher **Changer Options De Paiement**, puis **Ajouter Une Carte De Crédit** et remplir le formulaire d'informations pour la facturation. Mais par la suite, vous pourrez finaliser l'achat directement comme sur un site de vente en ligne, puis télécharger le morceau.

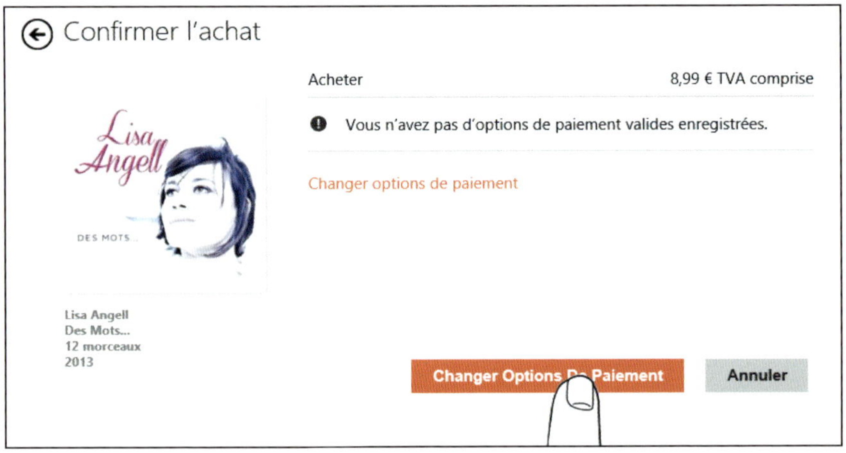

Faites votre cinéma

La situation en matière de vidéo est sensiblement la même qu'en matière de musique, puisque là aussi, Windows 8 vous offre deux outils pour regarder n'importe quel type de film (vidéo personnelle, bande-annonce, gag vidéo, long-métrage, série télévisée, *etc.*), en rechercher et en acheter.

- Le **Lecteur Windows Media** (programme déjà brièvement abordé à la section précédente), idéal pour regarder une vidéo stockée sur votre ordinateur. En effet, il vous suffit de tapoter deux fois de suite sur la bande dans l'Explorateur de Windows pour qu'une version épurée du Lecteur s'ouvre et diffuse la vidéo. Vous pouvez néanmoins contrôler sa lecture grâce aux icônes au bas de la fenêtre : par exemple, toucher (ou) arrête temporairement (ou définitivement) la diffusion, et toucher permet de la reprendre.

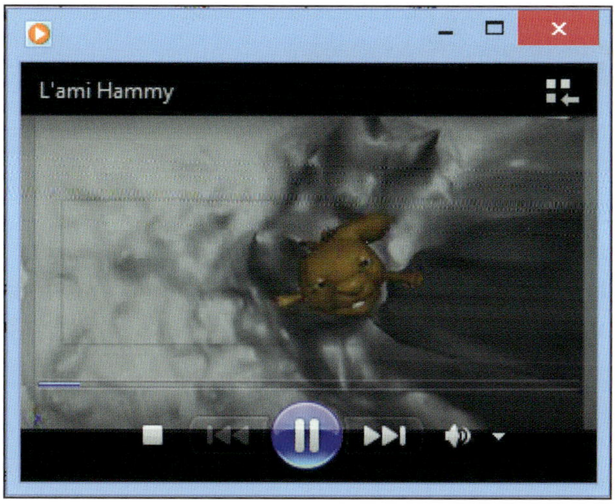

De la petite vidéo humoristique proposée sur le Web à celle que vous avez tournée lors de l'anniversaire de votre petit-fils, le Lecteur Windows Media peut tout lire !

- L'**application Vidéo**, spécialement conçue pour la location et l'achat de films sur l'Internet. Touchez sa vignette dans l'écran d'accueil, puis un film qui vous intéresse ; là encore, si vous n'en voyez aucun qui vous plaît, vous pouvez explorer l'une des rubriques proposées en touchant son nom en haut de la fenêtre, comme **à la une**. Une fois la page du film devant vous, touchez l'icône **Louer** ou **Acheter** (toutes deux représentées par un caddie), selon ce que vous voulez faire ; ensuite, comme pour l'achat d'un morceau de musique, identifiez-vous… et payez !

L'application Vidéo transforme votre ordinateur en cinémathèque !

TESTEZ-VOUS !

Avez-vous retenu les trois mots essentiels de ce chapitre ?

1

D'après vous, s'agit-il…

- **a** De souffler sur l'écran depuis l'un de ses bords vers le centre ?
- **b** De parcourir très rapidement toute une rangée de touches du clavier ?
- **c** De faire glisser un ou plusieurs doigts latéralement ou verticalement sur l'écran ?

2

D'après vous, s'agit-il…

- **a** De rapprocher vos doigts initialement posés écartés sur l'écran ?
- **b** De serrer très fort l'écran pour mettre l'ordinateur en veille ?
- **c** D'enfoncer deux touches côte à côte du clavier en même temps ?

3

D'après vous, s'agit-il…

- **a** D'une application de Windows 8 dédiée au multimédia ?
- **b** De la console de jeu de Microsoft ?
- **c** D'une application de Windows 8 réservée aux adultes ?

Réponses : 1 : c, 2 : a, 3 : b

Chapitre

9

Mettez votre ordinateur et vos fichiers sous haute sécurité

Utiliser quotidiennement votre ordinateur sans une protection efficace contre les menaces issues de l'Internet et les défaillances matérielles (… et humaines) serait aussi risqué que vous exposer longuement au soleil sans écran total. Il est donc temps de faire le nécessaire.

Ainsi, à la fin de ce chapitre, vous saurez, entre autres :

→ Protéger votre ordinateur contre les virus et autres menaces

→ Garder Windows 8 à jour

→ Sécuriser vos documents importants et vos photos

Chapitre 9

Ne laissez pas le rêve Internet se transformer en cauchemar

La plupart des activités que nous avons abordées jusqu'à présent sont directement liées à l'Internet : navigation sur le Web (bien sûr !), courriels, écoute de musique en ligne, *etc.* Et vous en découvrirez bien d'autres !

Mais avant, vous devez absolument barricader votre ordinateur. Car l'Internet n'est pas tout rose… En effet, dès lors que vous y êtes connecté (et rappelez-vous qu'avec le Wi-Fi, cette connexion est immédiate et permanente aussitôt après le démarrage de Windows), il vous expose à différentes menaces. Voici les trois principales.

- **Les virus**, programmes malveillants qui s'introduisent sur votre ordinateur ni vus ni connus (notamment en se cachant dans des pièces jointes à des courriels) pour y commettre des dégâts plus ou moins graves.
- **Les espions**, programmes sournois qui pénètrent, eux aussi, à votre insu sur votre ordinateur pour y récupérer des informations concernant vos habitudes informatiques.
- **Les pirates**, internautes malintentionnés qui tentent d'accéder à votre ordinateur pour en prendre le contrôle ou y récupérer des informations, notamment.

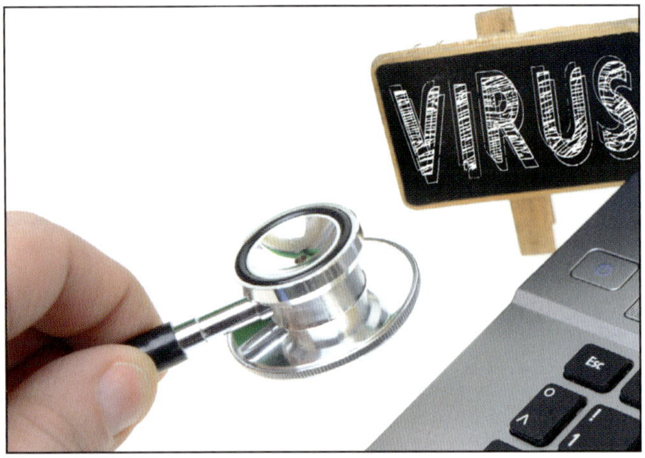

Les malfaiteurs existent aussi sur l'Internet, et ils redoublent d'ingéniosité pour vous nuire : ne les laissez pas faire !

Voilà qui pourrait faire frémir… Heureusement, Windows 8 a prévu deux boucliers très efficaces.

- **Windows Defender**. Quoi que vous fassiez (visiter une page Web, échanger des courriels, récupérer une chanson sur l'Internet), ce programme reste aux aguets, traquant le moindre virus ou espion. Dès qu'il en détecte un, il tente de l'éliminer ; et s'il n'y parvient pas, il met l'intrus en quarantaine pour l'empêcher d'agir.

- **Un pare-feu**. Ce programme-ci contrôle tous les accès à votre ordinateur et dès qu'il en détecte un non autorisé (comme un pirate informatique qui essaierait d'introduire un programme malfaisant), il le bloque. Pas de flammes, donc, mais une barrière infranchissable !

Ces deux programmes démarrent automatiquement après la mise en route de votre ordinateur et maintiennent constamment leur surveillance et leur action sans vous solliciter. Pourtant, cela ne suffit pas, car chaque jour apporte son lot de nouvelles menaces : si Windows Defender et le pare-feu n'évoluent pas en conséquence au fur et à mesure, ils vous protégeront donc de moins en moins.

C'est pourquoi le programme **Windows Update** (traité dans la prochaine section de ce chapitre) les actualise quotidiennement, évitant ainsi l'apparition de dangereuses failles dans la sécurité de votre machine. Et pour que vous ne courriez vraiment aucun risque, Windows a également prévu un autre outil : le **Centre de maintenance**.

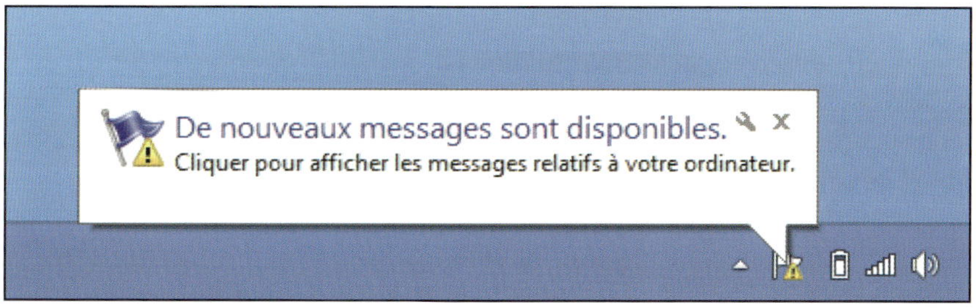

Deux précautions valent mieux qu'une : même si Windows Defender et le pare-feu de Windows veillent en permanence sur votre ordinateur, le Centre de maintenance les garde toujours à l'œil pour s'assurer que tout est en ordre.

Celui-ci surveille en permanence tous vos programmes de protection et vous avertit dès qu'il repère une anomalie. Comment ? Grâce à son icône de fanion blanc dans la zone de notification de la barre des tâches de l'environnement classique. Dès que la sécurité de votre ordinateur est menacée, ce petit drapeau se dote d'un symbole de danger ou ; et parfois, vous voyez même s'afficher en plus une infobulle décrivant le problème. Intervenez alors immédiatement.

TOUT PREMIERS PAS

Résolvez les problèmes grâce au Centre de maintenance

1 À l'instar des principaux outils de protection et de maintenance, le Centre de maintenance s'utilise dans l'environnement classique de Windows. Pour accéder au bureau et voir si la sécurité de votre ordinateur est menacée, donc, cliquez sur la vignette **Bureau** dans l'écran d'accueil ou enfoncez simultanément les touches **`Windows`** et **`D`** du clavier.

2 Si, une fois arrivé sur le bureau, vous constatez qu'il y a effectivement un problème, vous pouvez le résoudre directement en cliquant sur l'icône ou , puis sur le lien du risque et/ou dysfonctionnement, et en agissant en fonction de ce qui s'affiche à l'écran.

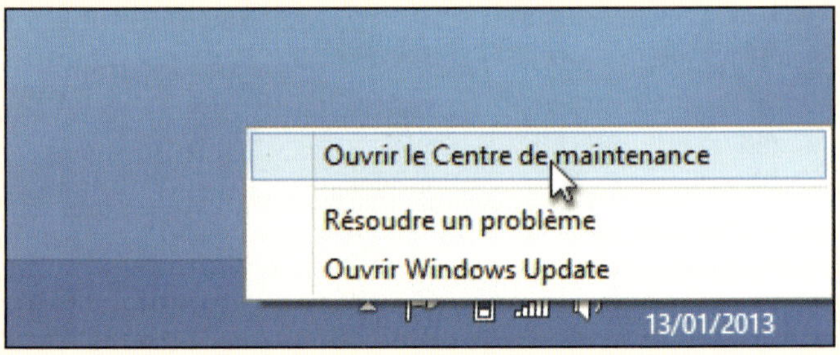

Mais ici, je vous invite à prendre le chemin des écoliers et à ouvrir le Centre de maintenance pour faire sa connaissance. Par conséquent, si une infobulle s'est affichée au-dessus de l'icône dans la zone de notification de la barre des tâches, cliquez dessus ; sinon, cliquez du bouton droit sur l'icône , ou , puis cliquez (avec le bouton gauche) sur **Ouvrir le Centre de maintenance**.

3 Le Centre de maintenance apparaît : parcourez rapidement le contenu de sa fenêtre pour mieux comprendre son rôle, puis prenez connaissance du ou des problèmes signalés et faites le nécessaire pour le(s) résoudre. Le plus souvent, il suffit de cliquer sur un bouton.

Car les actions liées à la gestion de vos programmes de protection (comme leur mise à jour, traitée dans la prochaine section de ce chapitre) étant planifiées par Windows, celui-ci les gère seul, en principe. Il affiche juste une icône ou un message d'avertissement quand il ne peut pas accomplir la tâche prévue, par exemple parce que votre ordinateur est éteint au moment de l'intervention prévue.

4 Après avoir terminé, fermez le Centre de maintenance en cliquant sur le bouton ✕ dans sa barre de titre.

COUP DE POUCE !

Montez la sécurité d'un cran

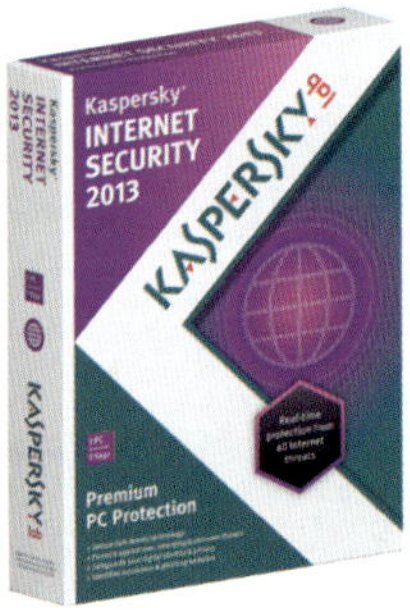

Windows est certes un très bon garant de la sécurité de votre ordinateur. Mais pour disposer d'une protection vraiment optimale, mieux vaut acquérir un programme commercial indépendant. Le meilleur rapport qualité/efficacité/prix est un pack qui intègre plusieurs programmes de sécurité, comme un antivirus, un anti-espion, un anti-spam et un pare-feu.

Dès que vous l'installez, Windows désactive automatiquement ses programmes de protection correspondants. Car deux antivirus, par exemple, n'assurent pas une double protection : au contraire ! Ils entrent en conflit, et votre ordinateur est finalement moins protégé qu'avec un seul antivirus. Quant au Centre de maintenance, il garde tout nouveau programme de protection à l'œil : pas de souci, donc !

Préservez l'éternelle jeunesse de Windows et de ses programmes

Restez zen : grâce à Windows Update, votre ordinateur ne prendra pas une ride !

Quand vous achetez un produit comme une voiture ou un sèche-linge et que vous déplorez certaines insuffisances, vous devez néanmoins « faire avec » ou acquérir un modèle supérieur. Situation regrettable dans les deux cas… Avec Windows, en revanche, tout est beaucoup plus simple, et surtout immédiat et gratuit !

En effet, Microsoft travaille sans relâche à l'amélioration de son produit pour en combler les lacunes et en corriger les imperfections. Mais il n'attend pas un an ou une nouvelle version de Windows pour vous en faire profiter ! Bien au contraire, il publie sur son site au fur et à mesure des petits bouts de programmes appelés **mises à jour** qu'il vous suffit de récupérer et d'installer pour disposer en permanence d'un Windows au top. Et cela concerne évidemment aussi tous les programmes inclus dans Windows, comme le pare-feu et Windows Defender dont nous parlions tout à l'heure.

Mais excellente nouvelle : aussi essentielles soient ces mises à jour, vous n'aurez généralement pas à vous en occuper du tout. Car Windows intègre un outil appelé **Windows Update** qui se charge, comme un grand, de rechercher si Microsoft a effectivement publié des correctifs et, le cas échéant, de les transférer et les installer sur votre ordinateur. Le seul moment où vous devrez parfois intervenir sera pour redémarrer votre portable si un message vous y invite.

COUP DE POUCE !

Pas de rajeunissement au programme ?

Si vous avez l'impression que les mises à jour ne s'effectuent pas comme prévu, agissez !

- Soit en déclenchant une recherche vous-même : pointez l'angle inférieur droit de l'écran d'accueil pour afficher la barre des contrôles, puis cliquez sur l'icône **Paramètres**, sur **Windows Update** et, finalement, sur **Rechercher maintenant les mises à jour**.

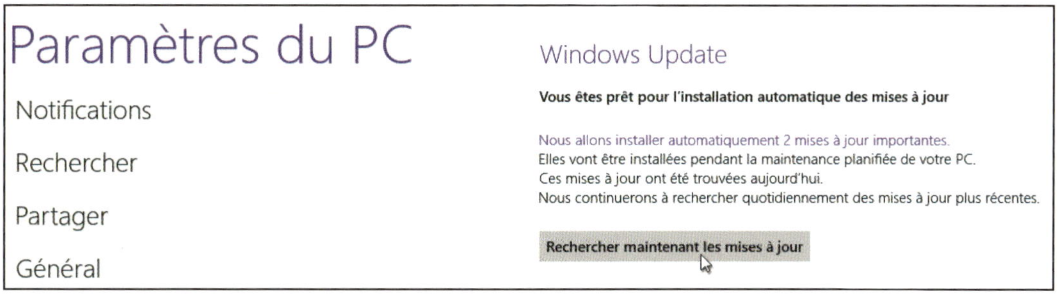

- Soit en vérifiant le réglage de Windows Update : dans la zone de notification de la barre des tâches du bureau, cliquez du bouton droit sur l'icône du Centre de maintenance, ou, puis cliquez sur **Ouvrir Windows Update**. La fenêtre Windows Update s'ouvre : si sa partie centrale n'indique pas une installation automatique des mises à jour ni l'heure des dernières interventions, cliquez sur **Modifier les paramètres** à gauche, réglez les options qui apparaissent et cliquez sur **OK**.

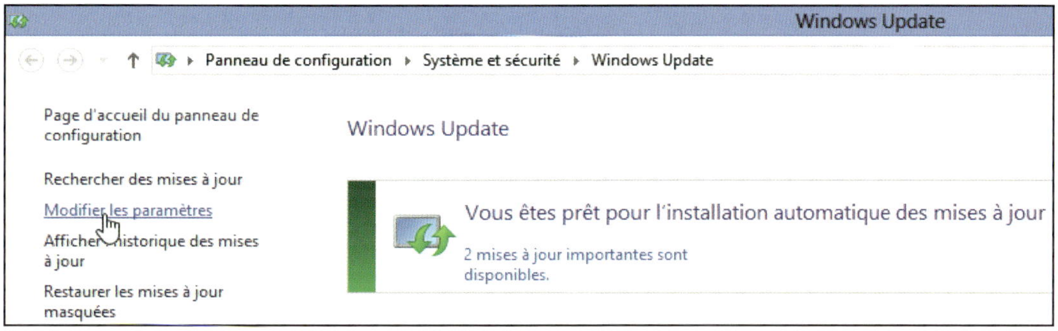

Ne prenez aucun risque avec vos fichiers

L'informatique a cet immense avantage que vous pouvez dupliquer instantanément et gratuitement n'importe quels documents, photos, chansons ou autres. Prenez donc l'habitude de le faire régulièrement pour tous vos fichiers importants.

Ainsi, en cas de défaillance de votre ordinateur ou d'une erreur de manipulation, vous disposerez toujours d'un exemplaire de secours. Croyez-moi, vous vous en féliciterez le jour où vous effacerez par mégarde tout un dossier de clichés auxquels vous teniez !

Trois grandes solutions s'offrent à vous : dupliquer temporairement vos fichiers sur l'Internet (sur SkyDrive, pour être précis) ou sur un support de amovible (de type clé USB), ou les archiver durablement sur un disque (CD ou DVD).

Placez une copie de vos fichiers sur SkyDrive

Disponible pour tout détenteur d'un compte Microsoft Live, **SkyDrive** ne présente que des avantages. En effet, totalement gratuit, il ne réclame aucun appareil complémentaire ; et pourtant, il vous assure un accès permanent aux fichiers qu'il contient, sans que vous n'ayez à transporter ces derniers.

Son secret ? Vous allouer un espace de stockage personnel sur les ordinateurs de Microsoft, où vous pouvez dupliquer vos documents importants, clichés, *etc.* et y accéder ainsi à tout moment dès lors que vous possédez un ordinateur (ou un smartphone) connecté à l'Internet. Génial !

TOUT PREMIERS PAS

Copiez des fichiers sur SkyDrive

1 Pas besoin de chercher bien loin votre sésame vers SkyDrive, puisqu'il possède sa propre vignette dans l'écran d'accueil : cliquez dessus, donc.

2 Comme très souvent, vous devez montrer patte blanche. Pour accéder à votre espace personnel sur SkyDrive, donc, tapez l'adresse et le mot de passe de votre compte Microsoft, puis cliquez sur **Enregistrer**.

3 « Votre » SkyDrive s'ouvre et affiche son contenu, qui se résume pour l'instant à trois dossiers. **Public** étant prévu pour les fichiers que vous voulez partager avec d'autres utilisateurs, il ne convient évidemment pas à une copie de secours telle que nous l'envisageons ici. Donc, selon que vous voulez dupliquer des documents ou des photos, cliquez sur **Documents** ou **Images**.

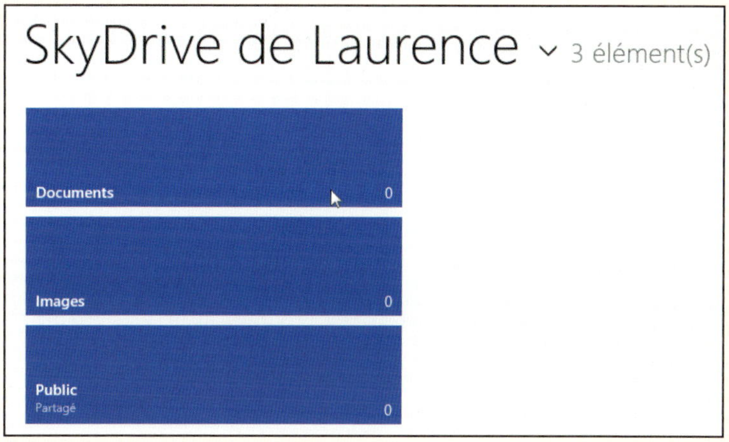

4 Le dossier choisi s'ouvre : pour y copier des fichiers qui se trouvent actuellement sur le disque dur de votre ordinateur, cliquez du bouton droit dans la zone centrale de la fenêtre, puis cliquez (avec le bouton gauche) sur l'icône **Télécharger** dans la barre des tâches.

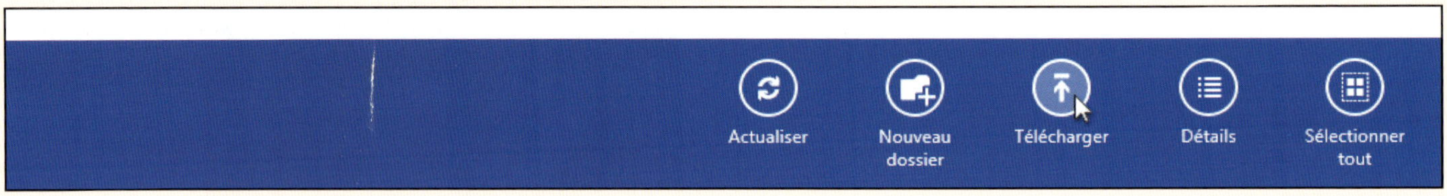

5 Selon que vous avez cliqué sur le dossier SkyDrive **Documents** ou **Images** à l'étape 3, le contenu de votre bibliothèque Windows **Documents** ou **Images** apparaît : cliquez sur chaque fichier à dupliquer sur SkyDrive pour le(s) sélectionner. (S'il(s) est(sont) dans un sous-dossier, ouvrez d'abord celui-ci en double-cliquant dessus.)

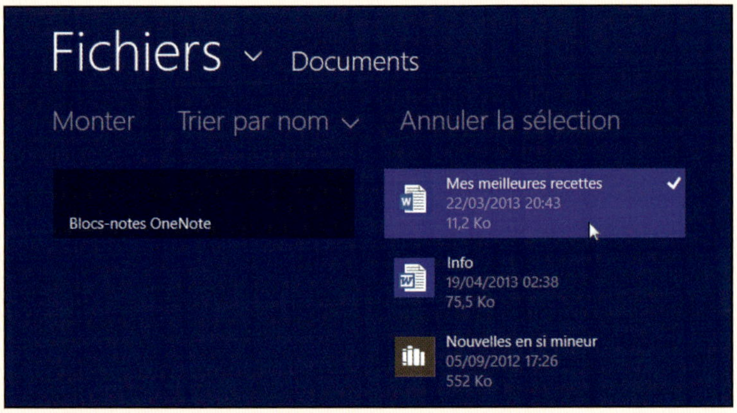

6 Quand tous les fichiers à copier sont cochés et affichés sur un fond plus clair, cliquez sur **Ajouter à SkyDrive**.

7 Le dossier SkyDrive choisi à l'étape 3 réapparaît, contenant maintenant le(s) fichier(s) dupliqué(s) à l'étape 5 : bravo ! Restons-en là pour cette fois et, donc, fermez la fenêtre en la glissant-déposant vers le bas, hors de l'écran.

Mais par la suite, vous pourrez à tout moment télécharger d'autres fichiers ou intervenir sur ceux existants en cliquant de nouveau du bouton droit dans une zone vide de la fenêtre, puis du bouton gauche sur l'icône adaptée de la barre des tâches. Par exemple, si vous modifiez certains de ces fichiers sur votre ordinateur, utilisez l'icône **Actualiser** pour mettre à jour la version sur SkyDrive et disposer ainsi de deux exemplaires 100 % identiques.

Placez une copie de vos fichiers sur un dispositif externe

La deuxième manière de pallier la perte accidentelle de vos fichiers consiste à les dupliquer sur un support amovible de type **clé USB**, **minidisque dur** ou **disque dur externe**. Cette solution se révèle aussi souple que SkyDrive, puisque vous pouvez actualiser les fichiers stockés sur le dispositif externe quand vous modifiez ceux présents sur votre ordinateur, et même en ajouter ou en supprimer.

Mais bien sûr, cela suppose que vous gardiez votre support amovible à portée de main. Chacun d'eux possédant ses propres avantages, choisissez simplement celui qui répond le mieux à vos besoins.

De la taille d'un briquet, la *clé USB* vous permet d'emmener aisément vos fichiers avec vous. À peine plus gros qu'une carte à jouer et donc facile à transporter, lui aussi, le *minidisque dur* offre néanmoins une capacité de stockage supérieure pour un prix plus compétitif. Le *disque dur externe*, quant à lui, est généralement voué à rester chez vous, puisque sa taille avoisine celle d'un gros roman et qu'il doit être branché sur le secteur pour fonctionner ; mais il permet d'accueillir une énorme quantité de fichiers, pour un prix « abordable ».

Disque dur externe

Minidisque dur

Clé USB

TOUT PREMIERS PAS

Copiez un fichier sur un support amovible

1 Puisque vous n'allez pas copier votre fichier dans le vide, branchez votre clé USB, votre minidisque ou votre disque dur externe sur une prise USB (identifiée par l'icône) de votre ordinateur. Dans le cas disque dur externe, branchez-le en plus sur le secteur et allumez-le.

2 Windows détecte le dispositif et, si nécessaire, installe les programmes indispensables à son fonctionnement : guettez alors la partie supérieure droite de l'écran, et dès qu'une info-bulle nommée à l'identique de votre appareil apparaît, cliquez dessus.

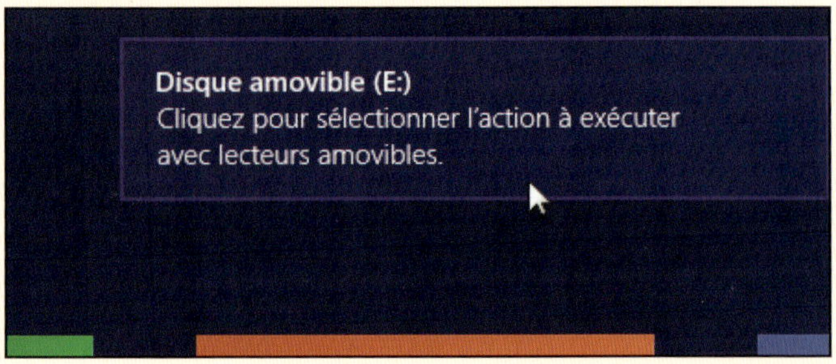

3 Windows vous propose plusieurs actions possibles : cliquez sur **Ouvrir le dossier et afficher les fichiers**.

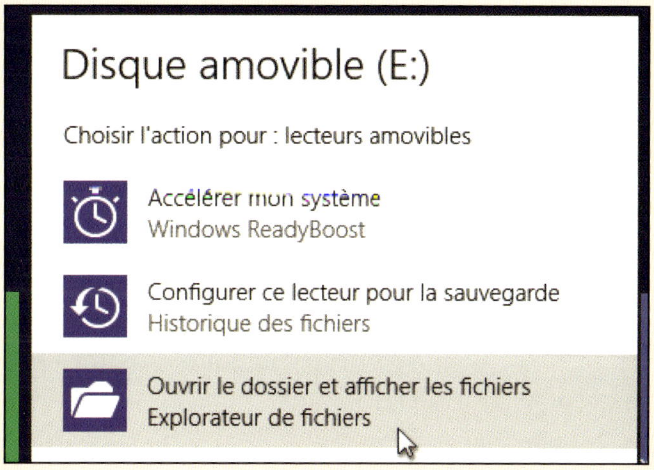

4 L'Explorateur s'ouvre et affiche le contenu de votre support amovible. Depuis la zone d'adresse et/ou le volet gauche, ouvrez le dossier qui contient le fichier à dupliquer, puis cliquez sur celui-ci.

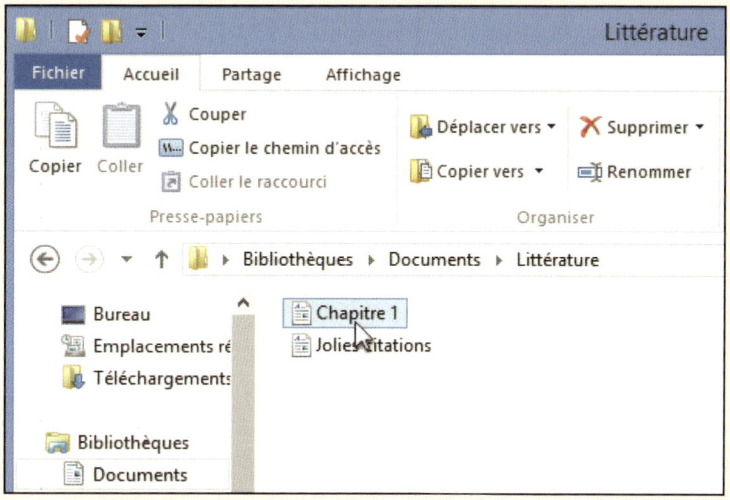

5 Au début de l'onglet **Accueil** du ruban, cliquez sur **Copier** .

6 Dans le volet gauche de l'Explorateur, cliquez sur votre support amovible.

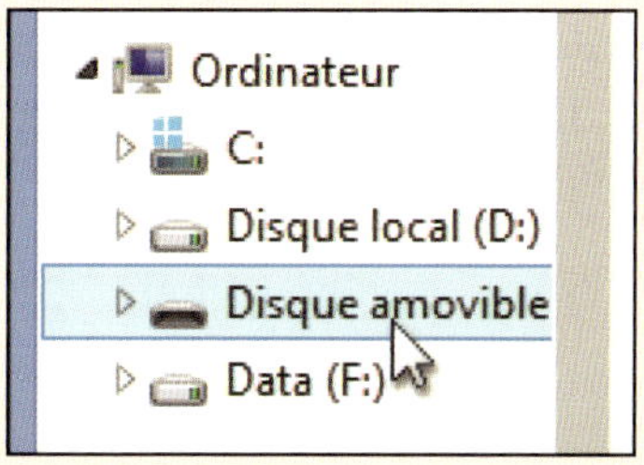

7 Revenez au début de l'onglet **Accueil** du ruban et cliquez cette fois sur **Coller** . Une copie conforme du fichier de l'étape 4 apparaît sur le support externe : objectif atteint ! Vous pouvez donc retirer le dispositif amovible (qui n'a jamais aussi bien porté son nom !) de votre ordinateur, en l'éteignant d'abord s'il s'agit d'un disque dur externe.

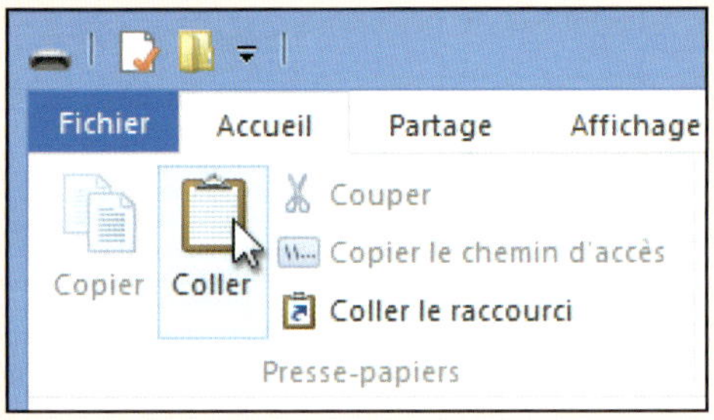

COUP DE POUCE !

Restez à jour !

Comme avec SkyDrive, pour que le fichier présent sur le support amovible vous soit vraiment utile si le fichier original venait à être endommagé ou supprimé, les deux doivent être absolument identiques. Si vous ne voulez pas risquer de perdre plusieurs heures ou jours de travail, vous devez donc actualiser la version du dispositif externe quand vous modifiez celle qui figure sur votre ordinateur.

Pour ce faire, recommencez juste la copie décrite dans le « Tout premiers pas » précédent, mais en veillant bien à remplacer l'ancienne version du fichier « externalisé » par la nouvelle… et non l'inverse ! Pour vous aider, Windows affiche un message de confirmation à chaque fois que vous dupliquez un fichier sur un support qui en contient déjà un exemplaire.

- Si vous êtes sûr de vouloir effectuer la substitution, cliquez sur **Remplacer le fichier dans la destination**.
- Si vous avez un doute, cliquez sur **Comparer les informations relatives aux deux fichiers** pour afficher la date et la taille des deux fichiers et vérifier ainsi quelle version vous vous apprêtez à remplacer. Cliquez ensuite sur **Continuer** et agissez en conséquence.
- Si vous préférez finalement annuler l'opération, cliquez sur **Ignorer ce fichier**.

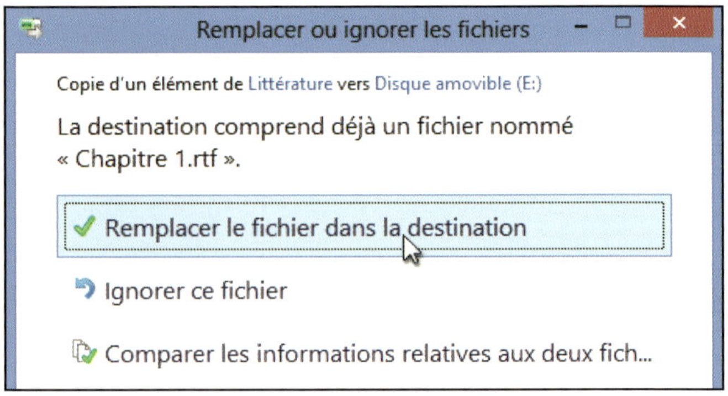

Archivez vos photos sur un CD ou un DVD

Même si vous pouvez continuer d'y recourir pour mettre vos photos en sécurité ou en donner à un ami, les copies (ou, techniquement, *gravures*) sur CD et DVD ont nettement perdu la cote. D'abord, parce que les disques durs externes offrent désormais une très grande capacité de stockage par pour un prix « raisonnable » ; ensuite, parce que les ordinateurs ultralégers et ultramobiles rencontrent de plus en plus de succès, alors qu'ils sont dépourvus de lecteur optique.

Bien qu'ils permettent de sauvegarder durablement des photos, documents ou vidéos auxquels vous tenez, les CD et DVD sont en perte de vitesse pour cette utilisation.

Néanmoins, si vous optez pour cette solution, sachez qu'un DVD coûte un peu plus cher qu'un CD, mais qu'il permet de stocker au moins deux fois plus de clichés. Je dis « au moins », car il existe des DVD *simple couche*, et des *double couche* : les premiers enregistrent des informations sur une seule face, et les seconds sur les deux (logique !), offrant donc une capacité de stockage deux fois plus importante. Elle reste néanmoins encore inférieure à celle des disques *Blu-Ray*, capables de stocker jusqu'à 5 fois plus d'informations !

Sachez aussi qu'il existe deux grandes catégories de CD et DVD : les disques enregistrables (*CD-R* et *DVD-R*) et les disques réinscriptibles (*CD-RW* et *DVD-RW*). Les premiers ne permettent d'effectuer qu'une seule copie : après y avoir gravé quelque chose, vous ne pouvez plus du tout modifier leur contenu. À l'inverse, les seconds permettent aussi bien d'ajouter de nouveaux fichiers que d'en supprimer ou d'en remplacer.

TOUT PREMIERS PAS

Gravez des photos sur un CD ou DVD

1 Comme toujours, pas de meilleur outil que l'Explorateur pour gérer et, en l'occurrence, graver des fichiers ! Alors, démarrez-le, ouvrez le dossier qui contient les photos à archiver, et sélectionnez ces dernières.

Si elles se trouvent dans la bibliothèque **Images**, vous y accéderez rapidement en enfonçant simultanément les touches **Windows** et **E**, puis en cliquant sur **Images** dans la section **Bibliothèques** du volet gauche.

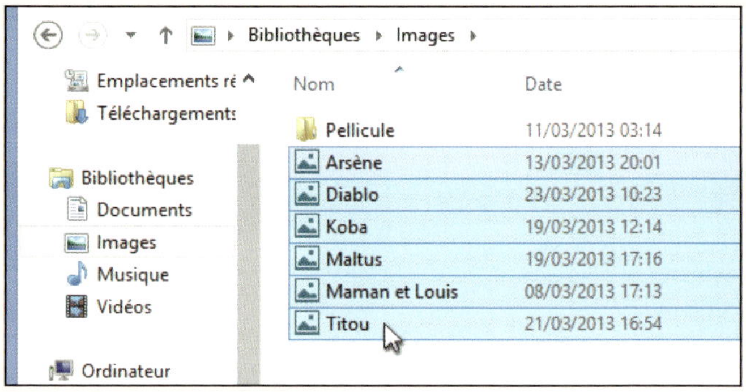

2 Cliquez sur **Graver sur disque** dans l'onglet **Partage** du ruban et, dans la foulée (puisque Windows vous y invite si gentiment !), insérez votre CD ou DVD dans le lecteur optique de votre ordinateur.

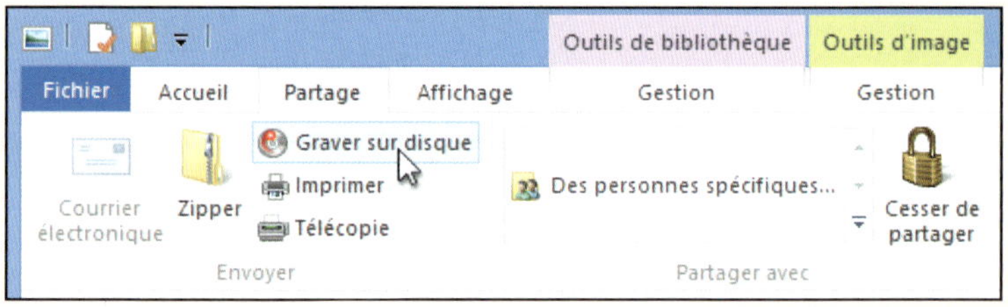

3 Une infobulle signale que des fichiers sont prêts à être gravés et, juste après, une nouvelle fenêtre de l'Explorateur s'ouvre et en affiche la liste (sinon, cliquez sur l'infobulle). Si tout est en ordre, cliquez sur **Terminer la gravure** dans l'onglet **Gestion** du ruban ; sinon, ajoutez ou retirez les clichés requis.

- Pour ajouter d'autres photos, rebasculez dans la fenêtre de l'étape 1, ouvrez le dossier qui contient les clichés supplémentaires, sélectionnez ces derniers et cliquez sur **Graver sur disque**.
- Pour retirer certaines photos, sélectionnez-les dans la liste **Fichiers prêts à être gravés sur le disque** et appuyez sur la touche **Suppr** du clavier : cette action exclut les clichés de la gravure, mais ne supprime pas les photos originales stockées dans la bibliothèque **Images** (ou tout autre dossier). Ouf !

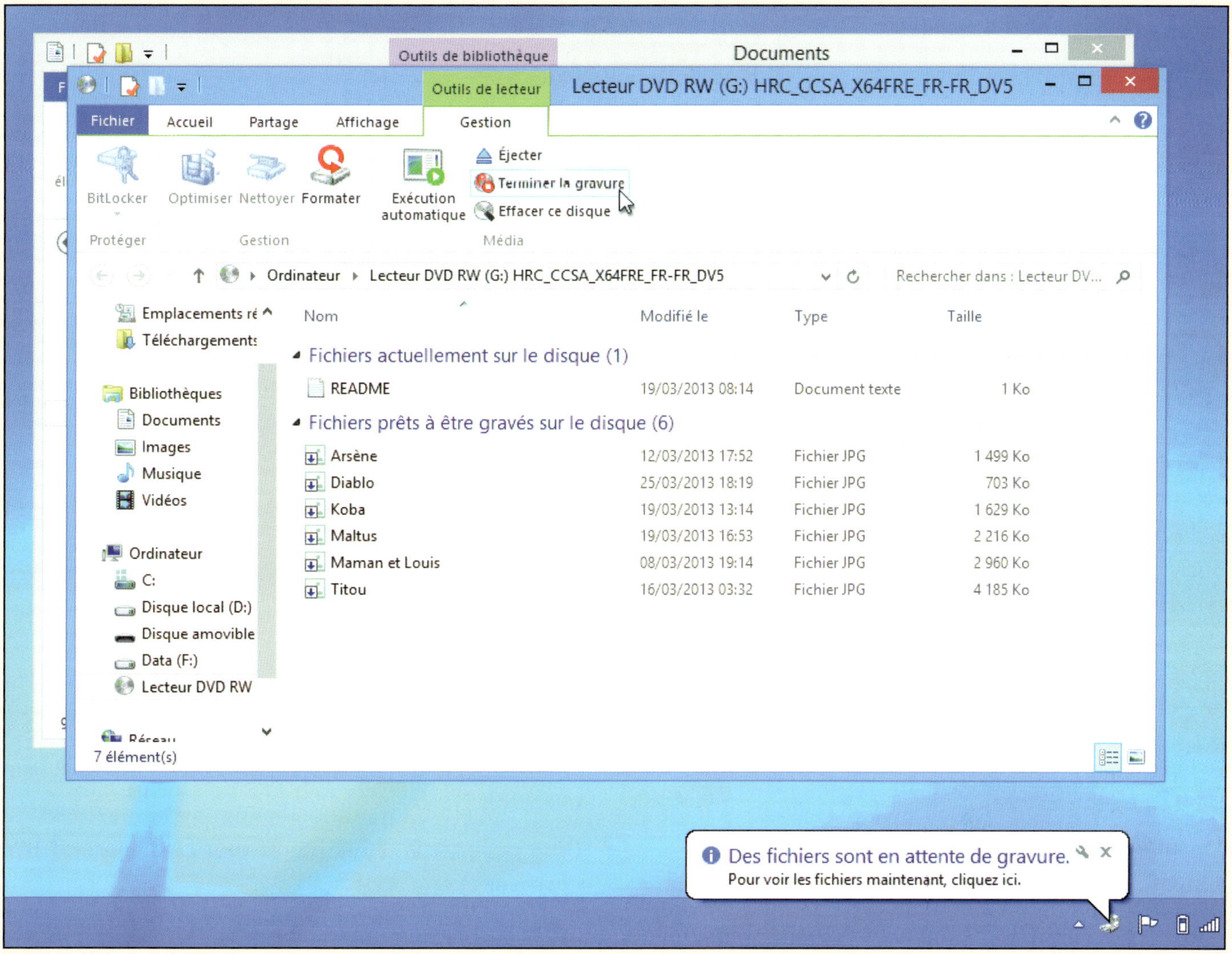

4 La boîte de dialogue **Graver sur disque** apparaît : dans la zone **Titre du disque**, tapez un nom pour votre CD ou DVD.

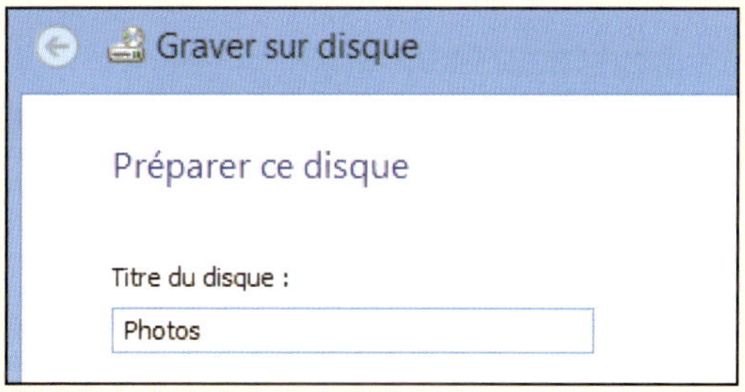

5 Cliquez sur **Suivant**. Il ne vous reste plus qu'à patienter jusqu'à la fin de la gravure pour récupérer votre disque, l'étiqueter et le ranger précieusement !

TESTEZ-VOUS !

Avez-vous retenu les trois mots essentiels de ce chapitre ?

1

D'après vous, s'agit-il…

- **a** D'un bout de programme complémentaire écrit pour améliorer un programme existant ?
- **b** De la sortie d'un nouveau produit Microsoft ?
- **c** De l'affichage de nouvelles vignettes dans l'écran d'accueil ?

2

D'après vous, s'agit-il…

- **a** D'un jeu de simulation de pilotage d'avions ?
- **b** D'un espace de stockage sur l'Internet, géré par Microsoft ?
- **c** D'un ordinateur ultraléger et tout bleu, fabriqué par Microsoft ?

3

D'après vous, s'agit-il…

- **a** D'une clé qui permet de verrouiller un ordinateur portable ?
- **b** Du code à taper pour accéder à SkyDrive ?
- **c** D'un petit support de stockage amovible ?

Réponses : 1 : a, 2 : b, 3 : c

Chapitre 10

Créez-vous un ordinateur sur mesure

Terminons ce livre par un chapitre à la fois très utile et très plaisant, puisqu'il va vous permettre de choisir une présentation de votre environnement Windows qui vous plaise vraiment et d'ajouter des programmes adaptés aux tâches que vous voulez accomplir sur votre ordinateur.

Ainsi, à la fin de ce chapitre, vous saurez, entre autres :

→ Personnaliser l'écran d'accueil et le bureau

→ Ajouter des applications et programmes

→ Ajouter de nouveaux appareils

Relookez l'écran d'accueil et le bureau

Que vous possédiez une petite tablette-PC ou un gigantesque ordinateur fixe, rien de tel pour vous sentir chez vous que de revoir la déco intérieure. Par exemple, que diriez-vous de changer la couleur de l'écran d'accueil ou d'appliquer l'une de vos photos personnelles sur le bureau ?

TOUT PREMIERS PAS

Changez l'apparence de l'écran d'accueil

1 Que vous vous trouviez dans l'environnement moderne ou classique, pointez l'angle inférieur droit de l'écran et, quand la barre des contrôles apparaît, cliquez sur l'icône **Paramètres** ⚙, tout en bas.

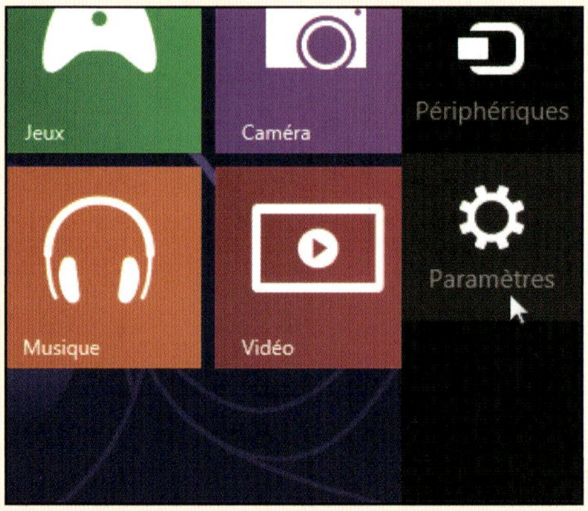

2 Le volet **Paramètres** s'affiche : tout en bas, cliquez sur **Modifier les paramètres du PC**.

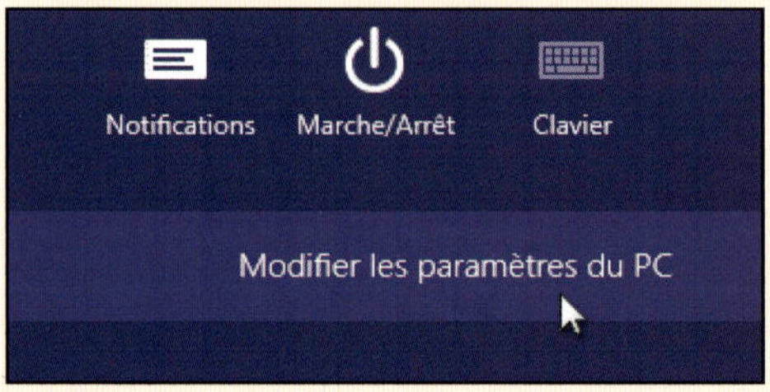

3 La fenêtre **Paramètres du PC** apparaît. Véritable centre névralgique, elle vous permet de régler de nombreux aspects de votre ordinateur : lisez rapidement les rubriques proposées dans la colonne gauche, et vous comprendrez ! Ensuite, revenez à vos moutons (!) en cliquant sur **Personnaliser**.

4 Dans la moitié droite de la fenêtre, cliquez sur **Écran d'accueil**.

5 Si vous voulez changer la couleur de fond de l'écran d'accueil, cliquez sur la case de la couleur souhaitée dans la barre tout en bas de la fenêtre. Windows l'applique aussitôt pour vous permettre d'apprécier le résultat ; si vous n'aimez pas, n'hésitez pas à cliquer sur une autre couleur.

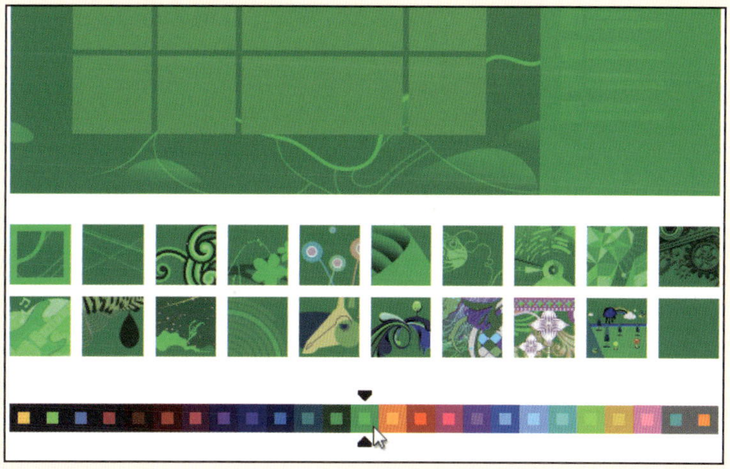

6 Si vous souhaitez appliquer un autre motif en arrière-plan de l'écran d'accueil, cliquez sur une vignette à votre goût, juste au-dessus de la barre des couleurs. Là aussi, Windows relooke immédiatement la fenêtre : si vous êtes déçu, vous pouvez donc tester de suite un motif différent.

7 Une fois l'écran d'accueil resplendissant, fermez la fenêtre **Paramètres du PC** en la glissant-déposant depuis sa partie supérieure vers le bas, hors de l'écran.

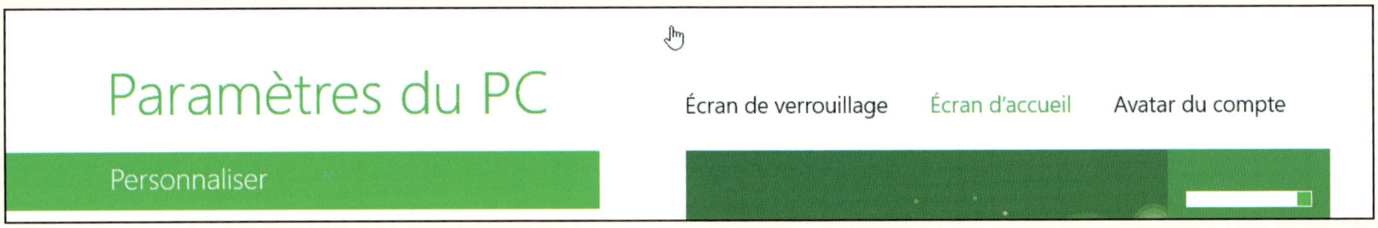

COUP DE POUCE !

Relookez aussi l'écran de verrouillage

Même s'il prend vite la poudre d'escampette, l'écran de verrouillage qui s'affiche au démarrage de Windows peut, lui aussi, subir un petit lifting. Profitez-en pour choisir l'une de vos images favorites !

Ouvrez cette dernière dans l'application Photos, cliquez dessus du bouton droit pour afficher la barre des tâches et, au début de cette dernière, cliquez sur l'icône **Définir comme**, puis sur **Écran de verrouillage**. C'est tout !

TOUT PREMIERS PAS

Ajoutez ou supprimez des vignettes sur l'écran d'accueil

1 Pour être efficace, vous devez garder vos outils de base à portée de main. Je vous invite donc à *épingler* vos applications et programmes préférés sur l'écran d'accueil ; ainsi, Windows ajoutera une vignette pour chacun(e), et vous pourrez le ou la démarrer instantanément. Super !

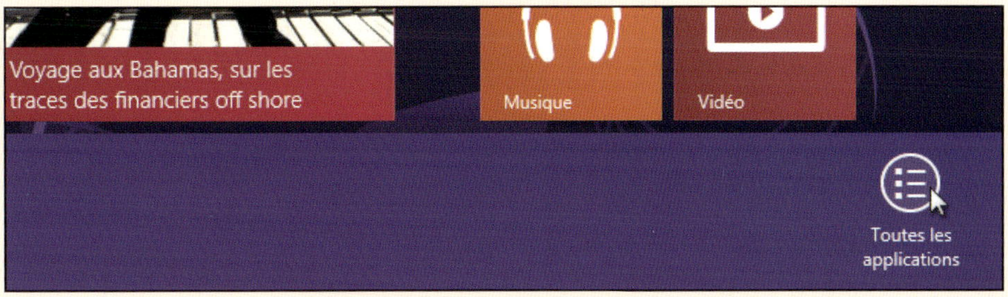

Cliquez donc du bouton droit dans une zone vide de l'écran d'accueil, puis du bouton gauche sur l'icône **Toutes les applications** à la fin de la barre des tâches.

2 La longue liste des applications et programmes présents sur votre ordinateur apparaît : cliquez du bouton droit sur celle ou celui que vous voulez épingler, puis du bouton gauche sur l'icône **Épingler à l'écran d'accueil** vers le début de la barre des tâches.

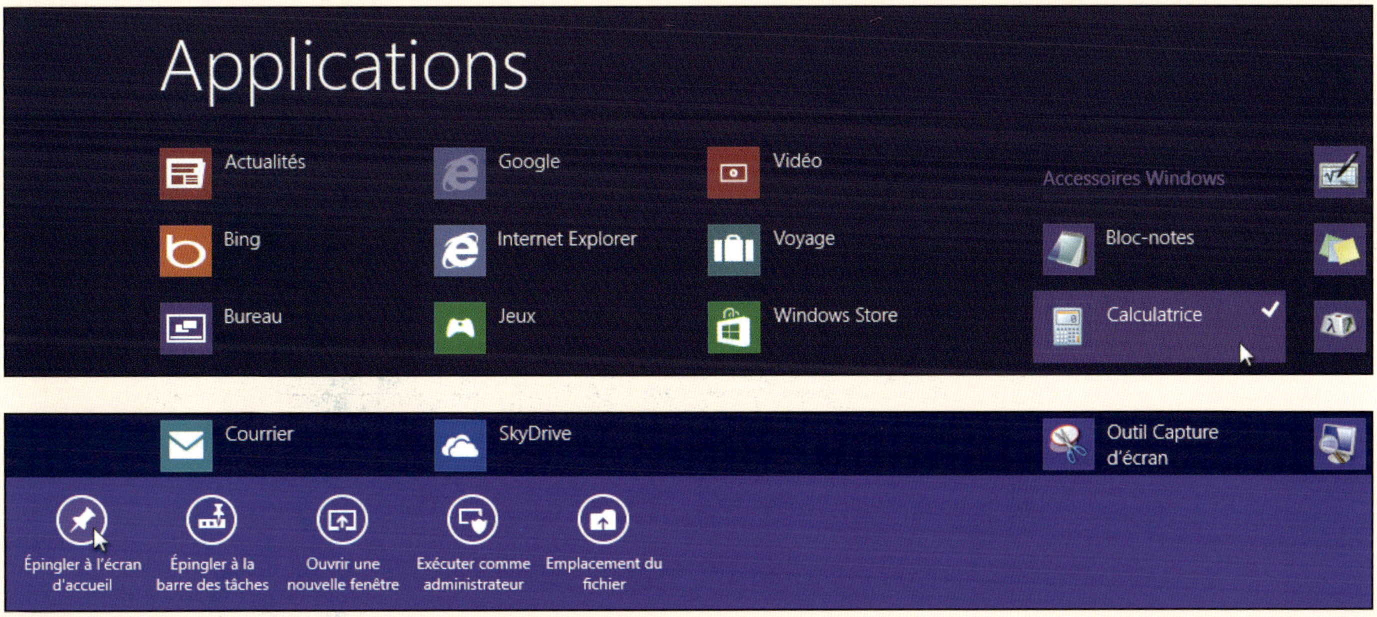

3 Windows ajoute immédiatement une nouvelle vignette pour votre application ou votre programme. Seulement, impossible de la voir, puisque la liste des applications n'a pas quitté le devant de la scène : l'effrontée ! Masquez-la en appuyant sur la touche **Echap** du clavier.

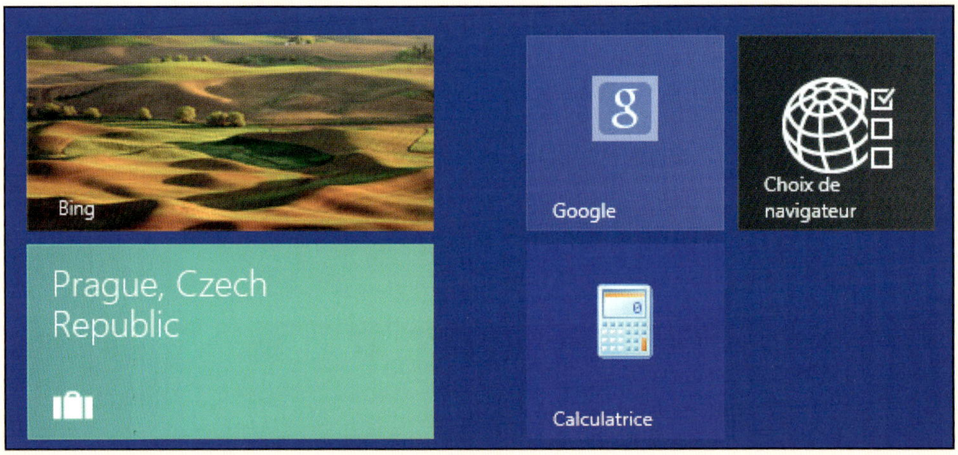

4 Première étape brillamment franchie ! Mais pour une efficacité maximale, vous devez aussi éliminer les vignettes dont vous ne vous servez jamais ; sinon, l'écran d'accueil sera tellement chargé que vous perdrez du temps à trouver les vignettes à utiliser.

Dès que vous en repérez une superflue, donc, cliquez dessus du bouton droit, puis cliquez sur l'icône **Détacher de l'écran d'accueil** au début de la barre des tâches. (Et si vous cliquez sur la mauvaise vignette, vous pouvez toujours la désélectionner en appuyant juste sur la touche **Echap** : ouf !)

COUP DE POUCE !

Épinglez toutes sortes d'éléments

Les applications n'ont pas le monopole de l'épinglage : vous en avez eu la preuve au chapitre 5 avec les pages Web. Et vous pouvez aller encore plus loin en ajoutant une vignette pour divers autres éléments, comme les contacts, afin d'être informé en temps réel des activités de vos amis.

À chaque fois, la procédure est la même : cliquez du bouton droit sur l'élément à épingler (dans la fiche d'un contact, par exemple) pour afficher sa barre des tâches et, dans cette dernière, cliquez sur l'icône **Épingler à l'écran d'accueil** . Une minifenêtre vous invite alors à fournir un nom pour l'élément (votre contact, par exemple) : acceptez celui proposé ou tapez-en un autre, puis cliquez sur **Épingler à l'écran d'accueil**.

TOUT PREMIERS PAS

Réorganisez les vignettes de l'écran d'accueil

1 Pour trouver plus rapidement les vignettes dont vous avez besoin sur l'écran d'accueil, vous pouvez déplacer certaines d'entre elles : glissez-déposez-les simplement à l'endroit souhaité.

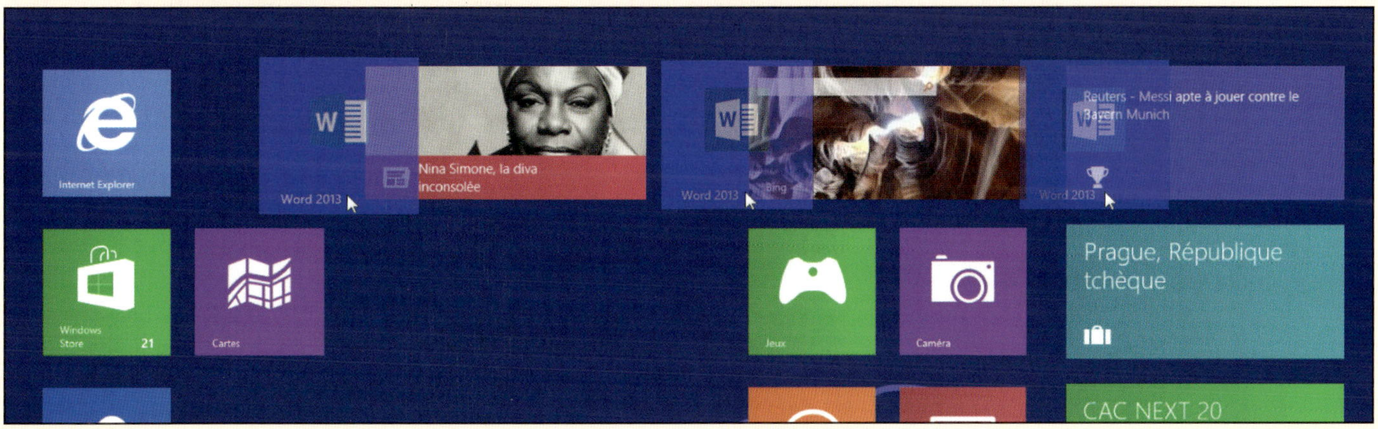

2 La vignette déplacée s'installe au nouvel endroit, et les autres se réorganisent en fonction. Facile ! Néanmoins, si vous voulez déplacer beaucoup de vignettes, basculez d'abord en affichage panoramique pour échapper à l'utilisation systématique de la barre de défilement horizontale au bas de l'écran. Après avoir affiché cette dernière en bougeant la souris, donc, cliquez sur le signe Moins —, complètement à droite

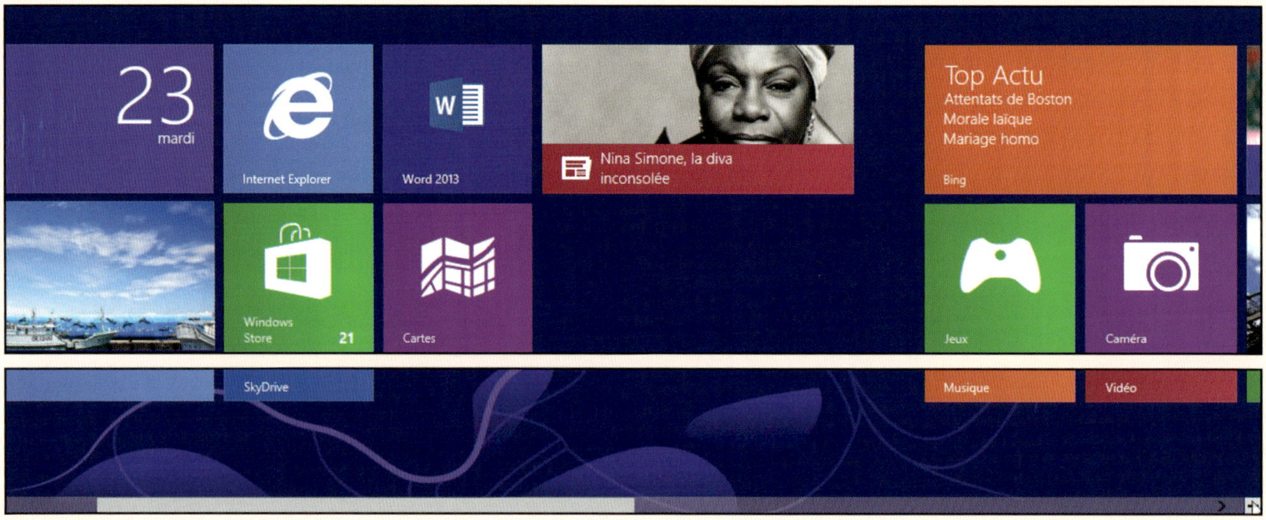

3 Les vignettes deviennent rikiki, mais vous bénéficiez ainsi d'une vision globale, beaucoup plus pratique pour manipuler plusieurs vignettes à la fois. Quand vous voudrez retrouver des vignettes de taille standard par la suite, cliquez dans une zone vide de l'écran d'accueil.

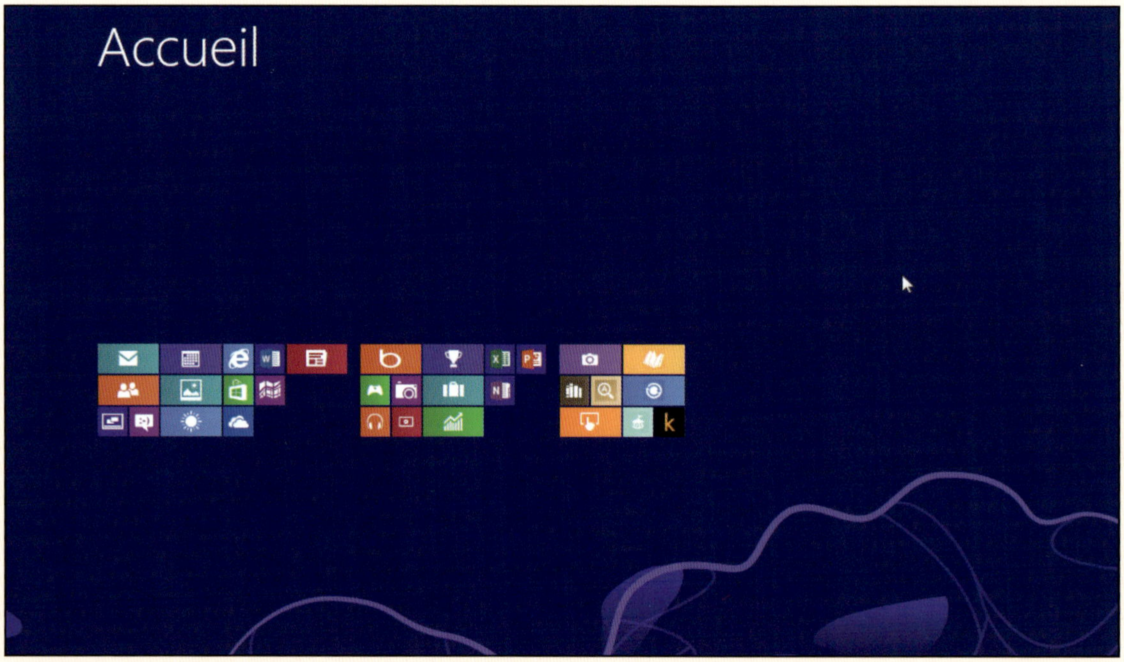

TOUT PREMIERS PAS

Changez l'image de fond du bureau

1 Vous agirez si souvent dans l'environnement classique que vous apprécierez sans doute de pouvoir relooker aussi le bureau, surtout s'il est actuellement recouvert par un fond publicitaire du fabricant de votre ordinateur ! Cela enjolivera également l'écran d'accueil, puisque votre modification sera répercutée sur la vignette Bureau.

Vous pouvez utiliser comme nouvel arrière-plan soit l'une des nombreuses images proposées par Windows, soit l'une de vos photos personnelles. Commencez pas cliquer du bouton droit dans une zone vide du bureau, puis du bouton gauche sur **Personnaliser** dans le menu qui s'affiche.

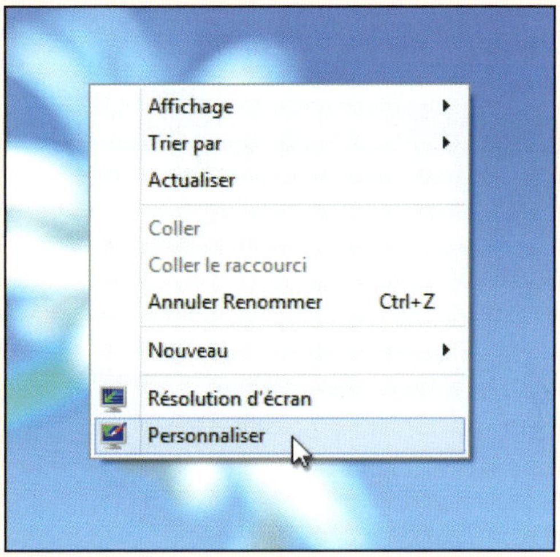

2 La fenêtre **Personnalisation** apparaît ; dans sa partie inférieure, cliquez sur **Arrière-plan du Bureau**.

3 La fenêtre **Arrière-plan du Bureau** s'affiche : cliquez sur la liste **Emplacement de l'image**, puis sur **Arrière-plans du Bureau Windows** ou sur **Bibliothèque d'images**, selon que vous voulez utiliser une illustration fournie par Windows ou l'un de vos clichés.

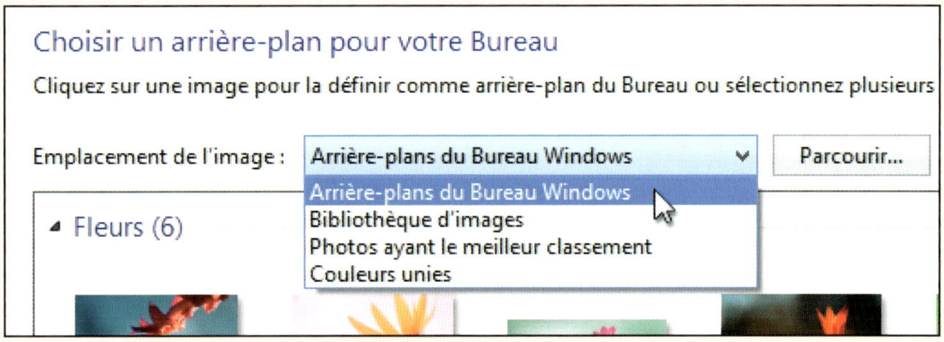

4 Toutes les images contenues dans le dossier sélectionné à l'étape 3 apparaissent : cliquez sur celle que vous voulez appliquer au bureau. Comme à son habitude, Windows la met aussitôt en place, de sorte que vous pouvez en choisir une autre immédiatement si la première ne vous convient pas.

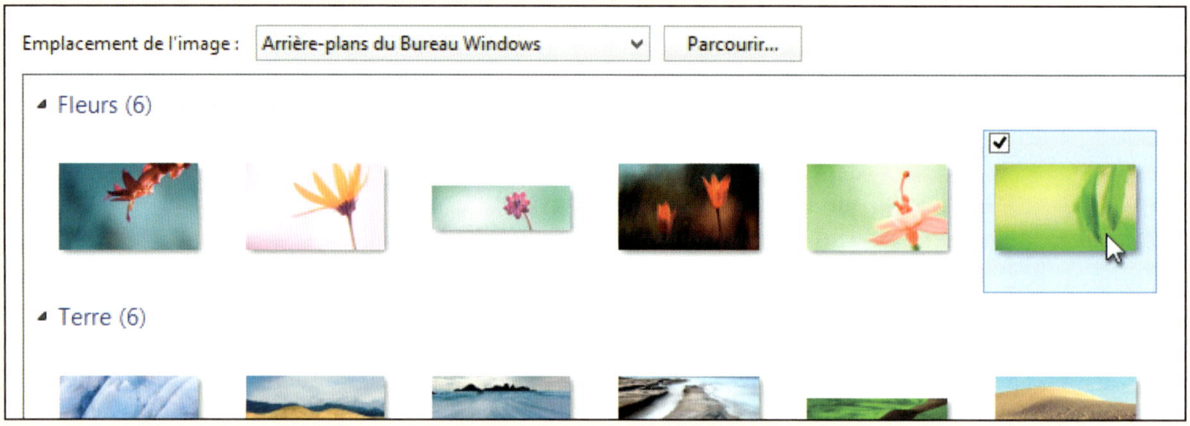

5 Cliquez sur **Enregistrer les modifications**.

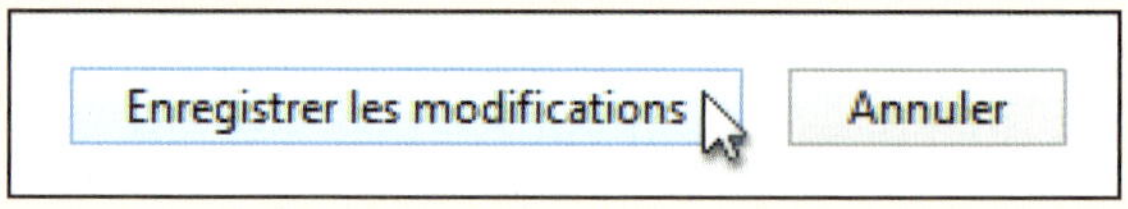

6 Fermez la fenêtre **Personnalisation** en cliquant sur le bouton  à la fin de sa barre de titre.

COUP DE POUCE !

Démarrez vos programmes préférés d'un seul clic

Épingler un programme sur l'écran d'accueil permet certes de le démarrer rapidement. Mais si vous vous trouvez dans l'environnement classique, cela vous oblige quand même à basculer dans son collègue moderne : pas très pratique… La solution : épingler vos programmes favoris dans la barre des tâches classique !

Après avoir ouvert l'un d'entre eux, cliquez du bouton droit sur son icône dans la barre des tâches, puis du bouton gauche sur **Épingler ce programme à la barre des tâches** dans le menu qui s'affiche. Désormais, même après la fermeture du programme, son icône restera dans la barre des tâches ; du coup, un simple clic suffira pour le rouvrir le moment venu !

Mais comme avec l'écran d'accueil, dès que vous repérez une icône inutile dans la barre des tâches, supprimez-la en cliquant dessus du bouton droit, puis du bouton gauche sur **Détacher ce programme de la barre des tâches**.

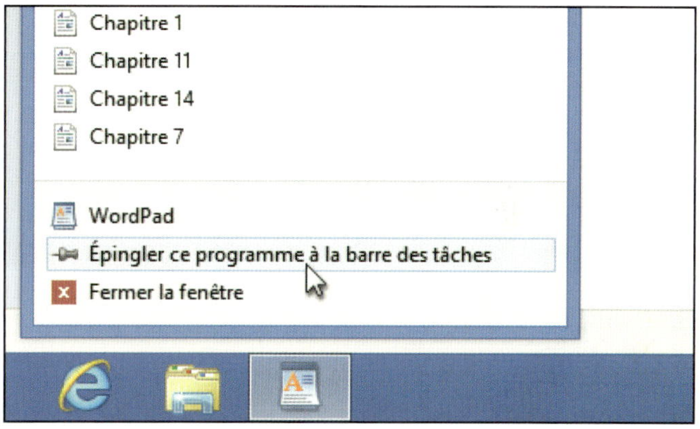

Dopez votre ordinateur grâce à de nouvelles applications

Malgré le grand nombre d'applications et de programmes inclus dans Windows, cela ne couvre évidemment pas tous vos besoins. Par exemple, vous n'en trouverez aucun(e) pour retoucher vos photos un peu ratées, ni pour réaliser de petits montages à partir de vos vidéos personnelles.

Heureusement, vous n'aurez pas à courir les boutiques pour en trouver un : le **Windows Store**, magasin en ligne de Microsoft, vous en livre des centaines sur un plateau, dans des genres aussi variés que la musique, la télévision, les jeux, la santé ou la culture générale. Et cerise sur le gâteau : beaucoup d'entre eux sont gratuits !

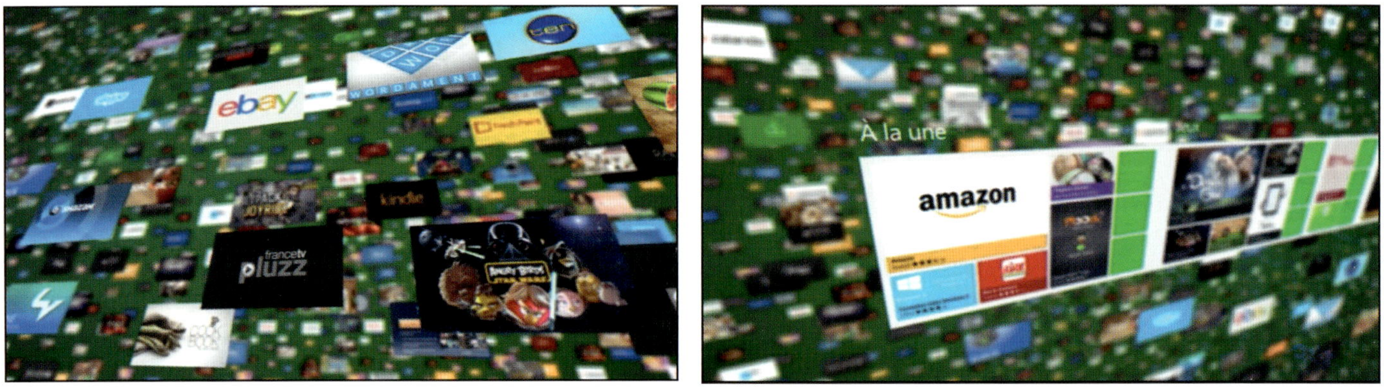

Le Windows Store vous plonge dans un tourbillon d'applications dont vous sortirez les poches pleines de programmes, sans pour autant avoir dépensé des mille et des cents !

TOUT PREMIERS PAS

Procurez-vous des applications sur le Windows Store

1 Le Windows Store vous est ouvert 7 jours sur 7 et 24 heures sur 24 ; et aucun problème de stationnement sur le parking ! Pour entrer, cliquez juste sur la vignette Windows Store dans l'écran d'accueil.

2 Et hop, vous voici déjà dans le Windows Store ! Mais peut-être êtes-vous surpris de voir si peu d'applications ; attendez la suite…

D'abord, bougez la souris pour afficher la barre de défilement au bas de l'écran et profitez de celle-ci pour parcourir les « têtes de gondoles » des différents « rayons » ; après avoir trouvé la catégorie de programmes dont vous avez besoin, cliquez sur la vignette **Meilleures applications gratuites** (si elle n'est pas visible, cliquez sur la grosse vignette de la catégorie retenue).

3 La liste des applications gratuites dans le genre choisi s'affiche : cliquez sur celle que vous voulez obtenir.

4 La page consacrée à l'application choisie apparaît : lisez les informations données. Vous pouvez aussi consulter d'autres rubriques, comme **Détails**, en cliquant juste sur leur nom au-dessus de l'image de l'application.

Une fois certain de vouloir récupérer l'application, cliquez sur **Installation**, à gauche. (Sinon, vous pouvez toujours revenir à la liste de l'étape 3 pour faire un autre choix en cliquant sur la flèche **Précédente** devant le nom de l'application en cours.)

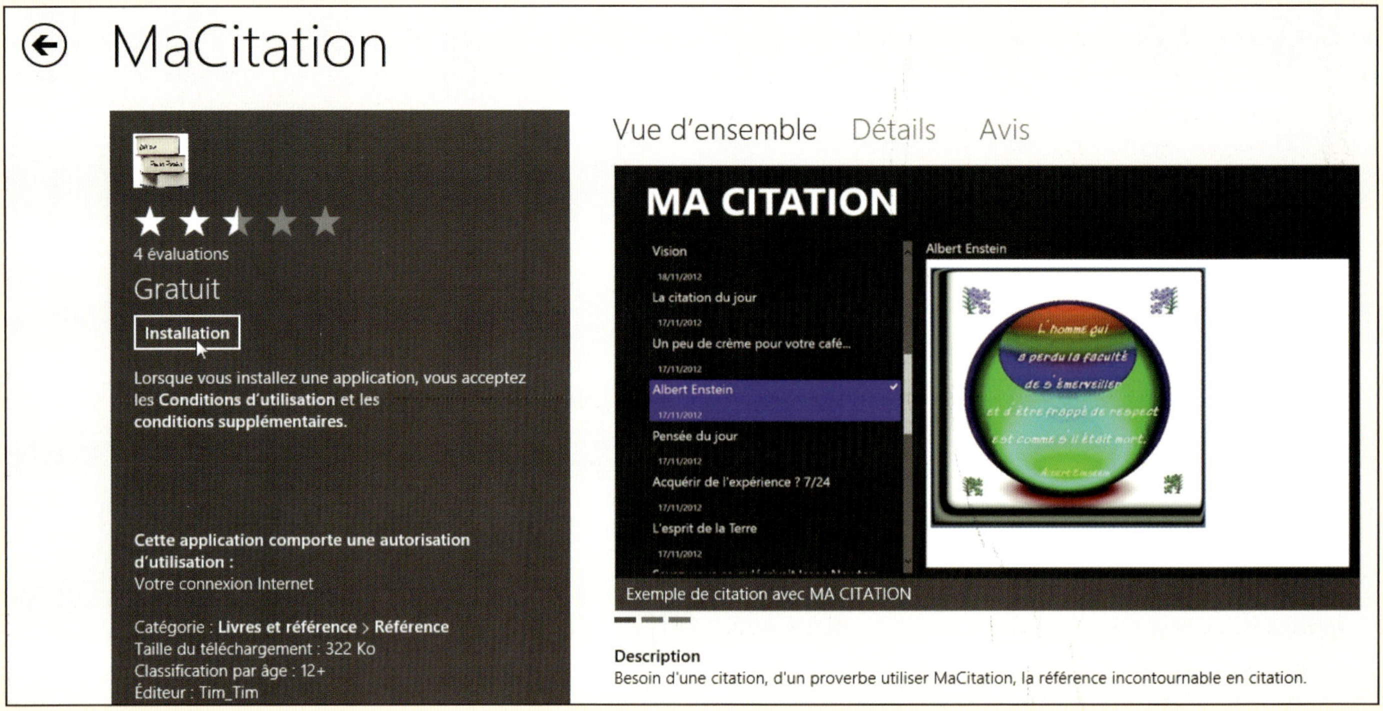

5 L'installation démarre, comme l'indique un message dans l'angle supérieur droit de la fenêtre. Poursuivez tranquillement vos activités, jusqu'à ce qu'un autre message vous signale la fin du processus ; cliquez alors dessus pour accéder à la précieuse application.

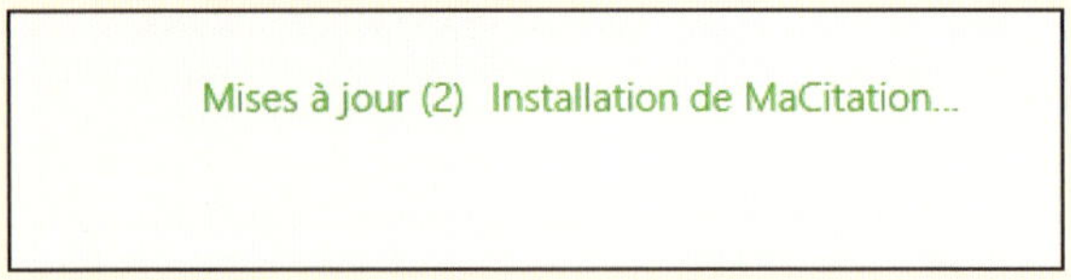

COUP DE POUCE !

Installation prolongée…

Selon l'application choisie et la configuration initiale de votre ordinateur, vous pouvez être amené à franchir des étapes supplémentaires : répondez aux questions posées à l'écran, et tout ira bien ! Mais comme je m'en voudrais de vous laisser complètement livré à vous-même, voici les deux principales actions que vous devrez sûrement accomplir.

- **Configuration des tâches de fond.** Si le message **Configuration des tâches de fond** s'affiche, cliquez sur **Oui**. Ensuite, faites glisser les deux curseurs **Activer la mise à jour** du volet **Tâches de fond** vers la droite (les mots **Non** deviennent **Oui**), puis masquez ce volet en cliquant dans la fenêtre. Ainsi, la vignette de la nouvelle application et toutes les informations associées seront actualisées automatiquement sans votre intervention quand vous serez connecté à l'Internet.
- **Localisation.** Si un message vous invite à activer la localisation, cliquez sur **Autoriser** ou **Bloquer**, selon que vous souhaitez ou non permettre à l'application de déterminer votre position géographique. Si vous acceptez, vous pourrez bénéficier d'un contenu personnalisé et échapper ainsi à l'exécution de certaines commandes. Par exemple, cela permet à une application comme AlloCiné ou Météo de vous fournir directement le programme des salles obscures proches de chez vous ou la couleur du ciel dans votre région.

Malgré le nombre impressionnant d'applications gratuites que propose le Windows Store, vous n'y trouverez pas forcément votre bonheur. Dans cas, voyez si une **application payante** vous conviendrait ; si oui, cliquez sur **Acheter** dans sa fiche de présentation, puis sur **Confirmer**, et finalisez l'achat et l'installation.

Le Windows Store permet de vous faire plaisir sans vous ruiner, car la plupart des applications payantes ne coûtent quelques euros.

Et si aucune application ne répond à vos besoins, tournez-vous vers les **programmes traditionnels**. Deux solutions s'offrent à vous.

- **Acheter le programme sur CD ou DVD.** Pour l'installer ensuite, rien de plus simple : insérez le disque dans le lecteur optique de votre ordinateur et suivez les instructions qui s'affichent à l'écran. Vous devrez notamment taper la *clé* (ou le *code*) *d'installation* (combinaison de 25 chiffres et lettres, apposée sur la pochette de votre disque et destinée à empêcher la copie illégale du programme) et accepter le *contrat de licence* (long texte qui définit les conditions dans lesquelles vous avez le droit d'utiliser le programme).

- **Télécharger le programme depuis un site Web** comme `Télécharger.com www.01net.com/telecharger` ou `Logiciels Gratuits www.logicielsgratuits.org`. Après avoir affiché la page du programme qui vous intéresse dans la version classique d'Internet Explorer, cliquez sur son lien ou bouton **Télécharger**.

  Quand une barre apparaît au bas de la fenêtre, cliquez sur la flèche qui borde le bouton **Enregistrer**, puis sur **Enregistrer sous**. Ensuite, dans la boîte de dialogue **Enregistrer sous**, cliquez sur le dossier **Téléchargements**, à gauche, puis sur le bouton **Enregistrer**. Lorsque la barre indique que le téléchargement est terminé, cliquez sur **Ouvrir le dossier** pour accéder au fichier d'installation du programme ; double-cliquez finalement sur celui-ci et suivez les instructions qui se succèdent à l'écran.

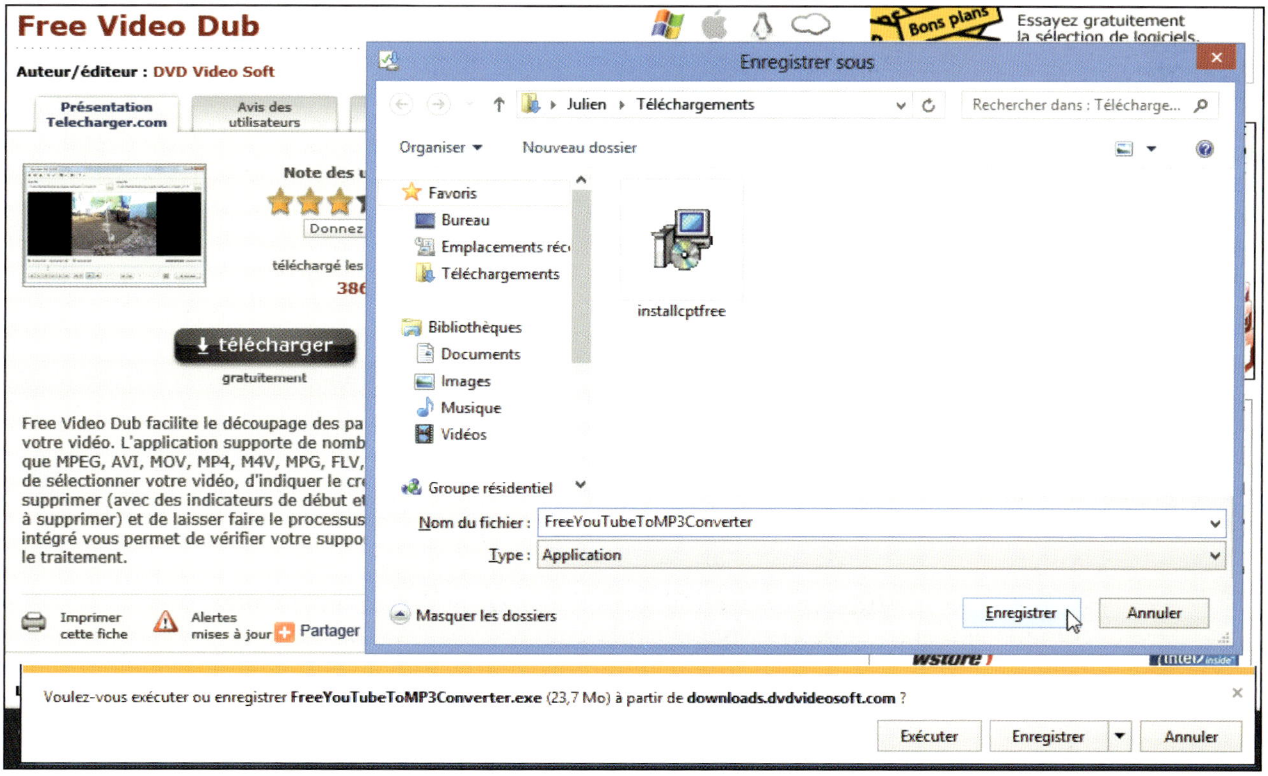

Quand vous ne trouvez pas chaussure à votre pied sur le Windows Store, explorez les sites Web de téléchargement de programmes.

COUP DE POUCE !

Éliminez les programmes inutiles

Pour optimiser les performances de votre ordinateur, n'y conservez pas d'applications ni de programmes dont vous ne vous servez plus du tout : demandez à Windows de les supprimer ! Car vous ne pouvez pas les effacer comme de simples documents ou clichés.

En effet, chaque programme se compose de multiples fichiers disséminés dans divers dossiers du disque dur : seul Windows peut donc tous les effacer sans en oublier. Mais pour ne pas vous pénaliser, il ne supprime alors aucun fichier que vous auriez créé avec cette application ou ce programme. Ouf !

Si vous devez éliminer une application ou un programme de votre ordinateur, donc, appliquez l'une des deux techniques suivantes.

- S'il ou elle possède une vignette dans l'écran d'accueil, cliquez du bouton droit sur cette vignette pour afficher la barre des tâches, puis du bouton gauche sur l'icône **Désinstaller**.
- Sinon, basculez dans l'environnement classique, pointez l'angle inférieur droit de l'écran et, quand la barre des contrôles apparaît, cliquez sur l'icône **Paramètres**, puis sur **Panneau de configuration**.

Le *Panneau de configuration*, composant essentiel qui donne accès à de nombreux outils de réglages et de sécurité apparaît : dans la rubrique **Programmes**, cliquez sur **Désinstaller un programme**. La fenêtre **Programmes et fonctionnalités** s'ouvre : cliquez sur l'élément à supprimer au centre, puis sur le bouton **Désinstaller** ou **Désinstaller/Modifier** (le nom varie en fonction des programmes), suivez les instructions qui s'affichent à l'écran et, si vous êtes invité à redémarrer votre ordinateur, allez-y !

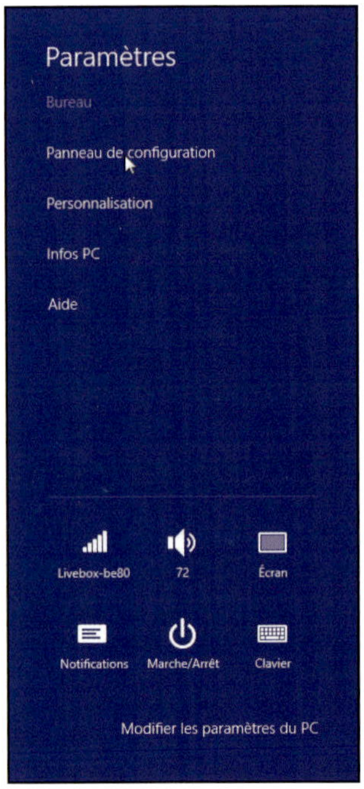

Offrez de nouveaux appareils à votre ordinateur

Aussi nombreuses soient les nouvelles applications que vous pouvez installer sur votre ordinateur, elles ne combleront jamais un appareil manquant. Eh oui, à quoi servirait un programme dédié à la numérisation de diapositives si vous ne possédez pas de scanner, par exemple ?

Curieusement, l'installation d'un nouvel appareil externe est presque toujours plus simple et plus rapide que celle d'un nouveau programme. Car s'il est compatible avec le Wi-Fi, il est, en principe, reconnu immédiatement par Windows et donc utilisable quelques instants après sa mise en route. Sinon, insérez le CD ou DVD livré avec le dispositif dans le lecteur optique et suivez les étapes qui défilent à l'écran. Non pas que je vous abandonne en vous écrivant cela ! Mais comme il n'existe pas de procédure standard, je serais bien mal inspirée de vous briefer sur ce point.

Votre ordinateur n'est ni sectaire ni ermite : vous pouvez y brancher tous les appareils que vous souhaitez (enceintes, imprimante, scanner, *etc.*), mais certains réclament quelques clics bien placés de votre part pour être opérationnels !

En revanche, je peux vous indiquer où vous rendre en cas de problème ! Pointez l'angle inférieur droit de l'écran et cliquez sur **Paramètres** dans la barre d'icônes, puis sur **Modifier les paramètres du PC**. Dans la fenêtre **Paramètres du PC**, cliquez sur **Périphériques**, à gauche, puis sur le nom de votre dispositif, à droite, et ajustez les réglages.

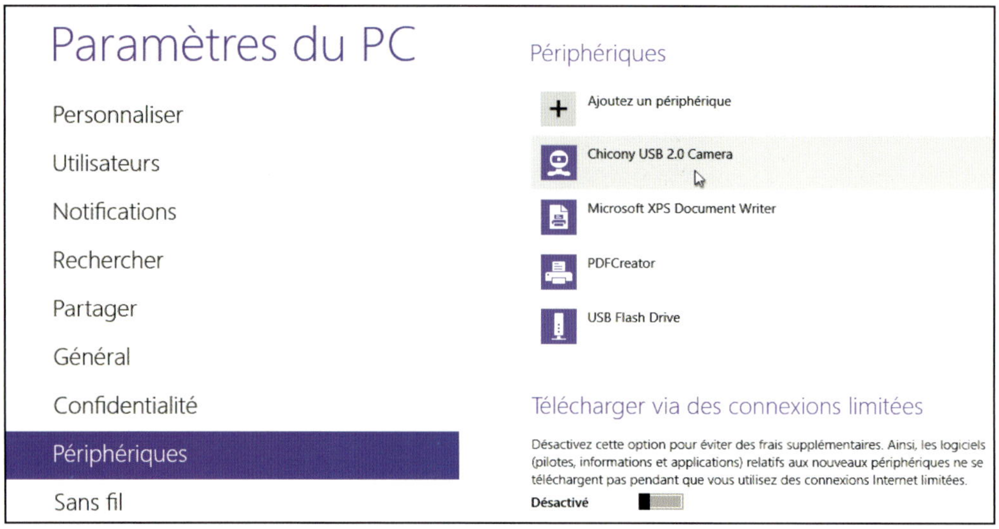

COUP DE POUCE !

Profitez de votre webcam

La webcam fait désormais presque partie des équipements standard des ordinateurs, du moins pour les portables ; sinon, vous pouvez en acheter une pour moins de vingt euros. Dans la foulée, je vous conseille d'investir également pour quelques euros de plus dans un micro ou un casque-micro, afin de pouvoir mener de vraies conversations vidéo avec vos amis du monde entier.

Ensuite, vous pourrez profiter de tout ce petit monde grâce à une application incluse dans Windows 8 : Caméra. Pour utiliser cette dernière, allumez votre webcam et cliquez sur la vignette Caméra dans l'écran d'accueil.

La première fois, vous devez donner votre feu vert pour l'exploitation des appareils connectés en cliquant sur **Autoriser**. Aussitôt, ce que filme la webcam apparaît à l'écran. Vous pouvez dès lors commencer à bavarder avec des amis internautes ou vos enfants, par exemple, en les voyant si, eux aussi, sont équipés d'une webcam.

Mais ce n'est pas tout ! L'application Caméra permet également de prendre des photos : cliquez juste dans sa fenêtre quand celle-ci affiche ce que vous voulez « mettre en boîte ». Windows enregistre alors le cliché obtenu dans un dossier **Pellicule** au sein de vos bibliothèques **Images**.

TESTEZ-VOUS !

Avez-vous retenu les trois mots essentiels de ce chapitre ?

1

D'après vous, s'agit-il…

- **a** De fixer une webcam au-dessus de l'écran ?
- **b** D'afficher un pense-bête informatique sur l'écran ?
- **c** D'ajouter une vignette sur l'écran d'accueil ou une icône dans la barre des tâches classique pour garder un accès rapide à un programme ?

2

D'après vous, s'agit-il…

- **a** Du magasin en ligne de Microsoft ?
- **b** Du gros logo Windows qui s'affiche à l'écran quand vous restez plus d'une minute sans utiliser ni le clavier ni la souris ?
- **c** Du magasin de Microsoft installé sur les Champs Élysées ?

3

D'après vous, s'agit-il…

- **a** D'un outil accessible uniquement dans l'environnement classique et qui permet de régler de nombreux aspects de votre ordinateur ?
- **b** De l'écran qui s'affiche au démarrage de Windows 8 pour vous demander votre mot de passe ?
- **c** Du schéma qui représente l'organisation des composants internes de votre ordinateur ?

Réponses : 1 : c, 2 : a, 3 : a

Mémo visuel

L'écran d'accueil

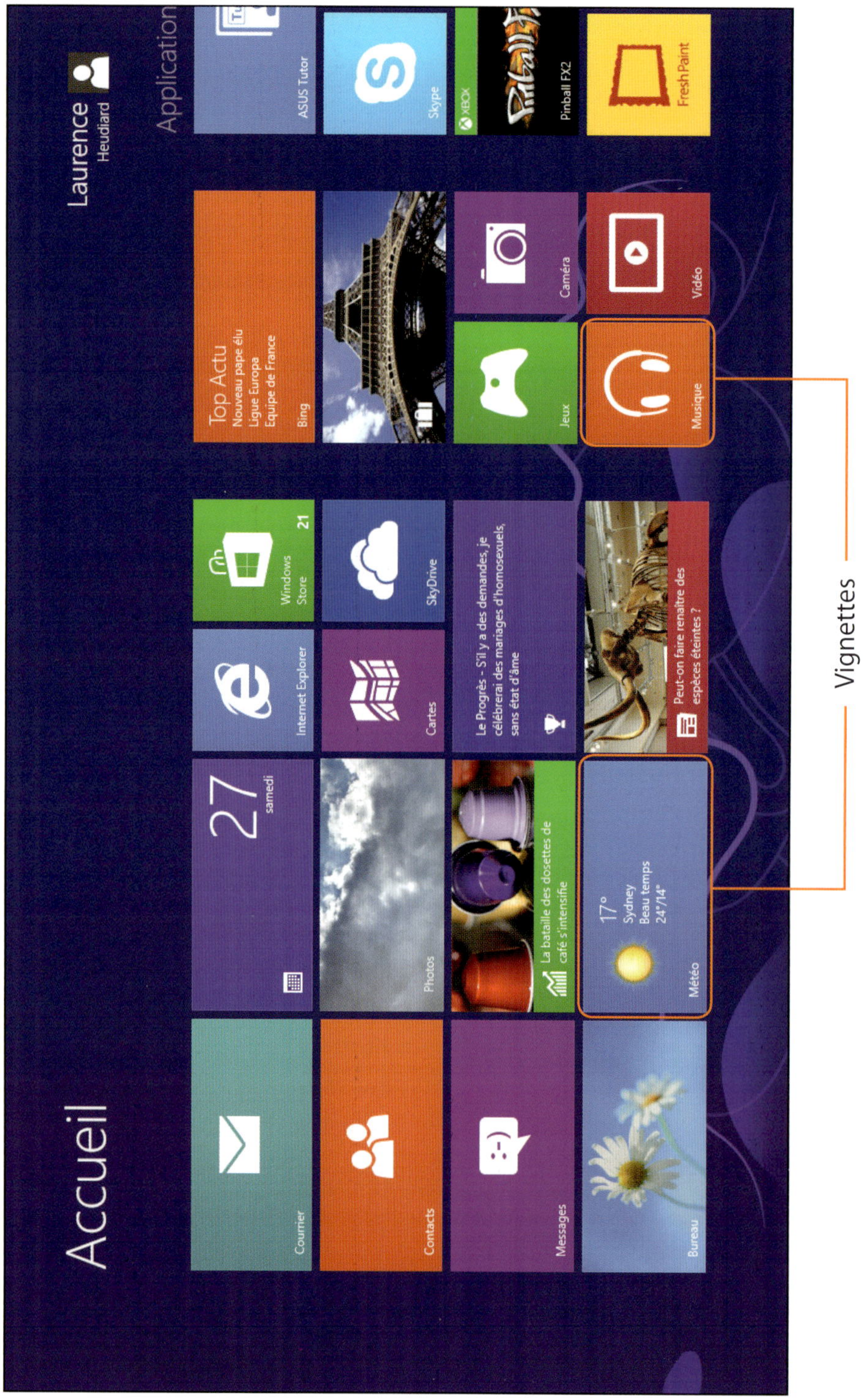

Éléments qui s'affichent après que vous avez pointé l'angle inférieur droit de l'écran et déplacé le pointeur verticalement vers le haut, ou balayé l'écran tactile depuis son bord droit vers la gauche

État de votre connexion à l'Internet

Sur un ordinateur portable, témoin de charge de la batterie

Vignette temporaire d'informations, qui indique principalement l'heure et la date

Barre des contrôles

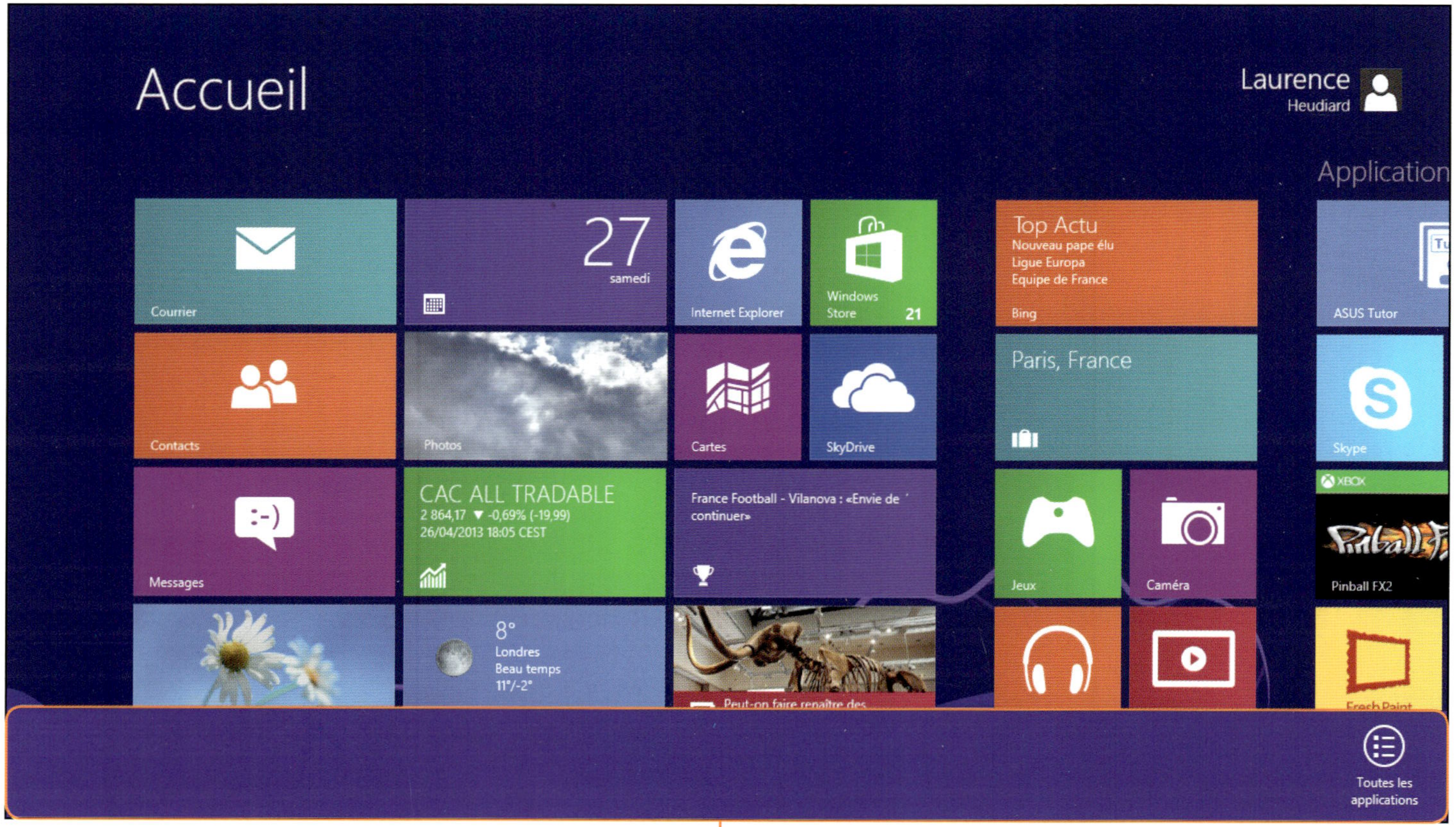

Barre des tâches qui apparaît après un clic du bouton droit dans une zone vide de l'écran d'accueil, ou après un balayage depuis le bord inférieur de l'écran d'accueil vers le haut

Le bureau

Icônes
Corbeille
eManual
Asus
Bulletin
Barre des tâches
Icônes de programmes
Icône pour afficher le clavier virtuel
Zone de notification
02:22
27/04/2013

Glossaire

application

Programme dans l'environnement moderne de Windows 8.

balayer

Faire glisser un ou plusieurs doigts sur un écran d'ordinateur tactile, notamment pour faire défiler des éléments.

barre de défilement

Barre horizontale ou verticale située respectivement au bas ou à droite de la fenêtre en cours et qui permet d'accéder au contenu masqué de cette dernière.

barre de titre

Barre située en haut d'une fenêtre de programme classique, et qui affiche au moins le nom de celui-ci et comporte des boutons pour redimensionner et fermer cette fenêtre.

barre des tâches

- Dans l'environnement moderne, barre qui apparaît au bas de l'écran à la suite d'un clic droit dans ou sur un composant (fenêtre, vignette, *etc.*) et qui propose des commandes directement liées à cet élément.
- Dans l'environnement traditionnel, barre affichée en permanence au bas de l'écran et qui permet essentiellement d'accéder à certains programmes, de connaître ceux ouverts et d'obtenir différentes informations sur les activités en cours sur votre ordinateur.

barre d'outils

Barre située dans la partie supérieure d'une fenêtre classique et qui donne accès aux principales commandes du programme par le biais de boutons.

bibliothèque

Dossier spécial, créé par Windows 8 à votre intention, pour le stockage de vos fichiers personnels.

boîte de dialogue

Sorte de petite fenêtre qui vous permet de régler l'exécution de certaines commandes en choisissant différentes options.

bureau

Arrière-plan de l'environnement traditionnel de Windows 8 au-dessus duquel s'affichent les programmes classiques.

clé USB

Petit dispositif de stockage amovible qui se branche sur un port USB de votre ordinateur.

cliquer

Enfoncer une fois brièvement le bouton gauche de la souris.

cliquer du bouton droit

Enfoncer une fois brièvement le bouton droit de la souris.

compte Microsoft Live

Adresse de messagerie associée à un mot de passe et utilisée pour vous connecter à différents services Microsoft en ligne.

Corbeille

Emplacement sur votre ordinateur où sont conservés temporairement tous les éléments que vous supprimez.

courriel (ou message électronique)

Courrier textuel qui s'échange par l'intermédiaire de l'Internet grâce à un programme spécialement conçu pour ce type de messages.

dispositif de pointage

Composant d'un ordinateur portable situé au-dessous du clavier et qui permet de manipuler visuellement des éléments affichés à l'écran en pointant et en cliquant.

disque dur

Dispositif qui renferme un disque où peuvent être stockés des programmes, des fichiers personnels et des informations indispensables au fonctionnement de votre ordinateur.

dossier

Emplacement délimité sur le disque dur ou sur un autre support de stockage, et destiné à contenir des fichiers et, éventuellement, d'autres dossiers (alors appelés *sous-dossiers*).

double-cliquer

Enfoncer deux fois de suite brièvement et très vite le bouton gauche de la souris.

écran d'accueil

Fond coloré et doté de vignettes qui vous accueille au démarrage de Windows 8.

écran de verrouillage

Fond imagé qui apparaît au cours du démarrage de Windows 8 et vous demande de taper votre mot de passe pour utiliser votre ordinateur.

épingler

Figer un programme ou un autre élément sous la forme d'une vignette ou d'une icône sur un élément comme l'écran d'accueil ou la barre des tâches traditionnelle.

Explorateur

Programme inclus dans Windows 8, qui permet d'afficher et de manipuler le contenu de votre ordinateur.

fenêtre

Structure dans laquelle s'affichent les applications et programmes.

fichier

Élément qui regroupe des informations dont la nature varie en fonction du type du fichier. Par exemple, un document renferme essentiellement du texte.

glisser-déposer

Faire glisser la souris tout en maintenant son bouton gauche, le plus souvent pour déplacer un élément à l'écran.

hameçonnage (ou phishing)

Pratique frauduleuse qui vise à vous amener sur un faux site Web imitant en tous points un vrai site Web, afin de vous soutirer des informations confidentielles.

icône

Petite image qui représente un composant de votre ordinateur ou un événement qui vient de se produire.

Internet

Gigantesque ensemble d'ordinateurs reliés entre eux et situés dans le monde entier.

lecteur

Dispositif matériel qui permet à votre ordinateur de stocker et lire des fichiers.

lien

Texte ou image qui permet d'accéder d'un clic à la page Web ou tout autre fichier qu'il ou elle cible.

menu

Ensemble de commandes textuelles réunies dans un panneau.

mise à jour

Correction ou amélioration apportée à un programme.

mise en veille

Basculement de votre ordinateur dans un état inactif (mais pas éteint) où il consomme moins d'énergie.

Nuage (ou Cloud)

Univers virtuel dans lequel toutes vos informations sont interconnectées, qu'elles soient stockées sur votre ordinateur, votre tablette ou autre.

pavé central

Zone principale d'un clavier qui permet de taper la plupart des caractères.

pavé numérique

Zone située dans la partie droite d'un clavier qui réunit des touches dédiées à la saisie de chiffres et d'opérateurs mathématiques.

pilote (ou driver)

Programme qui permet à un dispositif matériel de fonctionner avec votre ordinateur.

point d'insertion

Petit trait vertical clignotant au sein d'un texte document, courriel ou autre, qui indique où apparaîtra le prochain caractère tapé au clavier

pointer

Placer le pointeur sur un élément à l'écran, sans enfoncer aucun bouton de la souris.

pointeur

Petite icône (généralement) désignant l'élément que vous allez manipuler à l'écran si vous utilisez la souris.

port

Connexion (« prise », en quelque sorte) de votre ordinateur.

ruban

Longue bande placée dans la partie supérieure de la fenêtre de certains programmes classiques, et qui offre un accès rapide aux commandes de ces programmes par le biais de boutons.

sélectionner

Mettre en évidence des éléments ou du texte à l'intention de Windows 8 ou de programmes pour indiquer que vous allez les manipuler.

SkyDrive

Zone de stockage en ligne que Microsoft vous alloue gratuitement pour vos fichiers.

spam (ou pourriel)

Faux courriel publicitaire, le plus souvent, qui vise à infecter votre ordinateur par un virus ou à encombrer votre boîte aux lettres électronique.

USB

Type de connexion identifié par le symbole , et sur lequel se branchent la plupart des dispositifs actuels.

vignette (ou, parfois, tuile)

Rectangle ou carré de couleur affiché sur l'écran d'accueil, et qui offre un accès immédiat à l'élément qu'il représente.

virus

Programme malicieux qui s'introduit sur votre ordinateur à votre insu pour y commettre des dégâts plus ou moins graves.

Web

Partie de l'Internet constituée de documents conviviaux (les *pages Web*), eux-mêmes regroupés en *sites Web* que vous visitez grâce à un programme appelé *navigateur Web*.

webcam

Minicaméra connectée ou intégrée à un ordinateur et capable de diffuser les images qu'elle filme en temps réel sur ou *via* l'Internet.

Wi-Fi

Technologie qui permet de créer des réseaux sans fil dont les composants (des ordinateurs, principalement) communiquent par ondes radio.

Windows 8

Super programme qui dirige votre ordinateur, assure la bonne coopération des différents programmes et matériels, et vous permet d'utiliser votre machine en toute convivialité.

Windows Store

Magasin en ligne de Microsoft qui propose notamment des milliers de programmes gratuits ou payants.

Windows Update

Fonctionnalité de Windows 8 qui veille à la mise à jour permanente de ce dernier et de ses programmes.

zone d'adresse

Zone rectangulaire présente dans des programmes comme l'Explorateur et Internet Explorer, qui affiche l'emplacement de l'élément actuellement visible dans la fenêtre (dossier, page Web, *etc.*)

Index

Pour trouver facilement la page où est traité le sujet qui vous intéresse, recherchez d'abord le mot-clé qui caractérise principalement ce sujet. Par exemple, pour toutes les tâches liées aux courriels, commencez par trouver le terme « courriel » dans la rubrique des C.

Ensuite, si plusieurs rubriques dépendent du terme en question (elles apparaissent alors en retrait au-dessous), localisez l'action qui vous intéresse et reportez-vous, dans le livre lui-même, à la page indiquée en face de la sous-rubrique dans l'index. Par exemple, si vous voulez savoir comment envoyer un courriel, rendez-vous à la page 114.

A

B

C

D

E